# DEUX
# BRETONS

PAR

XAVIER DE MONTÉPIN.

2

PARIS
ALEXANDRE CADOT, ÉDITEUR
37, rue Serpente.

1857

# DEUX BRETONS

## Ouvrages d'Alexandre Dumas.

| | |
|---|---:|
| Le Pasteur d'Ashbourn. | 8 vol. |
| Mes Mémoires. | 22 vol. |
| Olympe de Clèves | 9 vol. |
| Conscience | 5 vol. |
| Un Gilblas en Californie. | 2 vol. |
| Les Drames de la Mer. | 2 vol. |
| Histoire d'une colombe | 2 vol. |
| Ange Pitou (suite au *Collier de la Reine*). | 8 vol. |
| Pauline et Pascal Bruno. | 2 vol. |
| Une vie artiste. | 2 vol. |
| Le Trou de l'Enfer. | 4 vol. |
| Dieu dispose (suite au *Trou de l'Enfer*). | 6 vol. |
| La Femme au collier de velours. | 2 vol. |
| La Régence | 2 vol. |
| Louis XV. | 5 vol. |
| Louis XVI. | 5 vol. |
| Les Mariages du père Olifus. | 5 vol. |
| Le Collier de la reine. | 11 vol. |
| Les mille et un fantômes | 2 vol. |
| Le Véloce. | 4 vol. |
| Mémoires d'un Médecin et Césarine. | 20 vol. |
| Les Quarante-Cinq. | 10 vol. |
| La comtesse de Salisbury | 6 vol. |
| Tomes 3, 4, 5, complétant la première édition. | 5 vol. |
| Les deux Diane | 10 vol. |
| Le Bâtard de Mauléon | 9 vol. |
| Le Chevalier de Maison-Rouge | 6 vol. |
| Une Fille du Régent | 4 vol. |
| La Comtesse de Charny. | 19 vol. |
| Catherine Blum | 2 vol. |
| Les Mohicans de Paris | 19 vol. |
| Ingénue | 7 vol. |
| Page (le) du duc de Savoie. | 8 vol. |
| El Saltéador. | 3 vol. |
| Vie et aventures de la princesse de Monaco. | 6 vol. |
| Souvenirs de 1830 à 1842 | 8 vol. |
| Grands Hommes (les) en robe de chambre | |
| 1° RICHELIEU. | 5 vol. |
| 2° HENRI IV. | 2 vol. |
| 3° CÉSAR. | 7 vol. |
| Salvator le Commissionnaire | 6 vol. |
| Journal de madame Giovanni | 4 vol. |
| Madame du Deffand. | 2 vol. |
| La Mecque et Médine | 6 vol. |
| Le Lièvre de mon grand-père. | 1 vol. |

Fontainebleau, Imp. de E. Jacquin.

# DEUX
# BRETONS

PAR

## XAVIER DE MONTÉPIN

2

PARIS
ALEXANDRE CADOT, ÉDITEUR
37, rue Serpente.

1857

# DEUXIÈME PARTIE
(suite).

# COMMENT
# ON DEVIENT JOURNALISTE.
(suite)

# V

Scènes de la vie littéraire.

Après cette terrible réponse de Georges :
— *C'était une question de vie et de mort,* —
*oui, monsieur...* — le vieux rédacteur en
chef parut réfléchir profondément pendant
deux ou trois minutes.

L'espression de son visage n'avait point changé, du moins en apparence, mais, si on avait pu plonger un regard dans ses yeux noirs et vifs, sous les broussailles grisonnantes qui les cachaient à demi, on aurait découvert sans peine qu'ils étaient soudainement devenus bienveillants, au lieu de rester railleurs et presque hostiles.

— Sacrebleu! — dit-il tout à coup en relevant la tête — c'est différent, cela! c'est très différent! — Que diable! il est bon de savoir à qui l'on a affaire! — Mes petits crétins sont plus râpés que des saute-ruisseaux, et vous êtes mis, vous, comme un gentleman-rider du boulevard Italien! — Je vous ai pris pour un fils de famille millionnaire et je ne peux pas les sentir, ces jeunes cadets, qui viennent essayer de faufiler leur nullidé prétentieuse dans tous les bureaux de rédaction, et qui veulent faire du journalisme en amateurs ! — Ils sont plus idiots que mes petits crétins, c'est tout dire !... — *Chacun son métier, les vaches seront bien gardées !* .. — Qu'ils se promènent sur les trottoirs, ces beaux fils, avec des gants clair-de-lune, et qu'ils entretiennent les actrices des Folies-Dramatiques et des Délassements, mais qu'ils ne touchent pas à une plume !... — je le leur défends, moi ! — moi, Bourguignon de Saint-Sylvain ! moi, blanchi sous le harnais ! — moi, le doyen peut-être des journalistes de Paris ! — Oui, je le leur défends !...

En parlant ainsi, le vieux rédacteur en

chef avait quitté son fauteuil d'acajou, garni de basane verte — il redressait sa grande taille — il portait haut sa tête chauve — des éclairs jaillissaient de ses prunelles.

Georges le regardait avec étonnement, ne sachant encore où il voulait en venir, mais commençant à comprendre que sa demande, si brutalement rejetée d'abord, était maintenant bien près d'être agréée.

L'exaltation de M. de Saint-Sylvain se calma comme s'évapore la mousse du vin de Champagne.

Il lissa, du revers de la main, sa moustache rude, et il reprit en s'adressant à Georges :

— Vous n'avez jamais écrit dans un journal, jeune homme ?

— Jamais, monsieur.

— Diable!... diable...

— Quelle que soit la chose que l'on entreprenne — hasarda Georges timidement — ne faut-il pas toujours faire un apprentissage?...

— Vous avez raison... — asseyez-vous là...

Et le vieillard désignait une des chaises placées autour de la table ronde.

Georges s'assit.

— Prenez une plume et un de ces carrés de papier — poursuivit M. de Saint-Sylvain.

— Et maintenant, monsieur, que faut-il faire?

— Écoutez l'anecdote que je vais vous raconter.

Et, en effet, il raconta, d'une façon fort diffuse et fort embrouillée, une historiette assez insignifiante.

Quand il eut achevé ce récit, il demanda :

— Vous avez entendu ?

— Parfaitement.

— Vous avez compris ?

— Très bien.

— Vous en êtes sûr ?

— Aussi sûr qu'on puisse l'être d'une chose.

— Bien — alors vous allez tremper

votre plume dans l'encre et écrire en dix
lignes ce que je viens de vous raconter en
dix minutes...

— En dix lignes? — répéta Georges.

— Pas une de plus.

— Cela me semble difficile...

— Eh! si c'était facile, où serait le mérite?... le journaliste qui sait son métier
doit être assez maître de son style pour
resserrer à l'infini, sous une forme subs-
tantielle, le fait ou l'anecdote que les
premiers crétins venus raconteront en
vingt-cinq pages!... — est-ce que vous
croyez, par hasard, que je fais le moindre
cas de ces auteurs modernes qui procréent
des romans en trente volumes?... — allons

donc!... — ce sont des idiots!... — des idiots, et pas autre chose! — ils seraient incapables, complétement incapables, d'écrire une *nouvelle à la main* ou un *entre-filets* un peu joliment troussés!... — Souvenez-vous de cela, jeune homme — profitez-en et rédigez-moi mon historiette en dix lignes...

— Je vais essayer monsieur...

Georges se mit à l'œuvre en effet, et il vint à bout, après un travail enragé de plus d'un quart d'heure, à comprimer l'anecdote de façon à la faire tenir, non pas en dix lignes, mais en douze.

— Eh! bien, est-ce fait? — demanda M. de Saint-Sylvain qui s'aperçut que Georges avait cessé d'écrire.

— Oui, monsieur — répondit le jeune homme.

— Donnez-moi cela...

— C'est que je crains que ce ne soit faible...

— Donnez-moi cela, vous dis-je ! — c'est de mon opinion qu'il s'agit, et non de la vôtre, je pense !

Georges tendit au vieux journaliste le carré de papier sur lequel il venait d'écrire la *nouvelle à la main*.

M. de Saint-Sylvain l'épela ligne pour ligne, mot pour mot, lettre pour lettre.

A le voir ainsi penché sur cet insignifiant griffonnage, on eut dit un des lapidaires hollandais que Miéris et Metzu nous ont montré, étudiant à la loupe, sous toutes ses faces, un diamant dont ils veulent découvrir les défauts secrets.

Son front se dérida peu à peu et l'arc de ses sourcils se disjoignit imperceptiblement.

— A coup sûr, ce n'est pas complet — fit-il ensuite — mais c'est passable pour un premier essai, très passable, parole d'honneur!... — il y a de la concision, de la verve et du trait — trois qualités dont aucun de mes petits crétins ne possède la moindre parcelle! — je vois en vous de l'avenir, jeune homme! — « Tu MARCELLUS ERIS!... » — vous serez journaliste... ce dont je vous fais mon compliment, car le journalisme mène à tout!

Ainsi, monsieur — demanda Georges

enchanté — vous consentez à me donner du travail?...

— A partir de ce moment vous faites partie de la rédaction *du Lucifer*.

— Je ne sais comment vous remercier...

— Ne me remerciez pas, et faites de bons articles...

— Je ferai du moins de mon mieux...

— Courts!... très courts!... retenez cela — c'est l'essence du métier...— je ne peux venir à bout de fourrer cette grande vérité dans l'étroite cervelle de ces autres idiots!... — vous le comprenez, vous, n'est-ce pas?...

— Oui, certes, je le comprends!...

— A la bonne heure! — ah! par exemple, je dois vous prévenir d'une chose...

— De laquelle, monsieur?

— Tous mes petit crétins abhorrent les nouveaux venus...

— Ah! — et pourquoi donc?

— Comment, pourquoi? — mais c'est bien simple... — *Le Lucifer* n'est pas riche et ne peut affecter qu'une certaine somme, toujours la même, aux appointements de sa rédaction... — un nouveau venu prend sa part du gâteau et diminue d'autant la portion des autres... — oh! ils vont aboyer comme une une troupe de dogues à qui l'on rogne la pâtée!...

— Ainsi, je vais être l'objet de la malveillance de tous mes collaborateurs?...

— Pardieu !...

— Et que faudra-t-il faire, monsieur ?

— Ne pas vous en inquiéter et montrer les dents. — Ces messieurs sont des roquets qui aboyent plus qu'ils ne mordent...

— Ah ! si ça leur plaît, ils peuvent même essayer de mordre ! — répliqua Georges en riant — je ne suis pas Breton pour rien ! — Les Bretons ont la tête dure et le poignet solide — ils trouveront à qui parler.

— Bravo, jeune homme, bravo !... — s'écria M. de Saint-Sylvain — voilà un joli garçon !... — Croiriez-vous que, dernièrement, un officier de cavalerie, se croyant désigné dans l'une de mes *Nouvelles à la main*, se présenta au bureau, malheureu-

sement en mon absence, pour en demander raison... — Mes crétins étaient là, — tous — au grand complet — eh bien! monsieur, ils ont pris peur... une peur horrible... ils ont commencé par déshonorer leurs culottes, — puis, à force de salamalecks, de courbettes et de platitudes, ils ont entortillé mon grand soudard, qui s'en est allé content, en remettant son grand sabre dans son grand fourreau!...
— à mon retour ils m'ont raconté l'affaire, — ils semblaient en crever d'orgueil!... — je les aurais de grand cœur flanqués tous à la porte, mais le journal ne pouvait pas se faire tout seul... — ah! sans cela!...

Après un instant de silence, accordé à son ressouvenir colérique, M. de Saint-Sylvain reprit :

— Soyez franc, jeune homme... — que pensez-vous de la conduite de ces drôles?

— Je ne la qualifierai pas, monsieur, mais...

— Mais, quoi?

— Mon avis est que la main qui tient une plume doit aussi tenir une épée — et que c'est à l'épée de soutenir au besoin ce que la plume écrit...

Le vieux rédacteur en chef, en écoutant cette profession de foi, se frottait les mains avec une jubilation exceptionnelle.

— Bravo! — s'écria-t-il — bravo!... vous êtes dans les bons principes, vous!... — vous êtes un homme!... — vous irez loin!... — Vous êtes digne d'être journaliste, et le journalisme mène à tout!... —

Mais, avant de penser à l'avenir, occupons-nous du présent... je vous répète que *Lucifer* n'est pas riche... c'est assez vous dire que vous ne gagnerez pas grand chose...

— Qu'importe, monsieur... — je saurai vivre de peu.

— Vous serez payé comme tout le monde, dès à présent, quoique d'habitude nos rédacteurs débutants subissent un stage plus ou moins long, pendant lequel leur copie appartient gratuitement au journal... — je fais une exception en votre faveur... — ne me remerciez pas, ce n'est pas la peine... — la copie se paie un sou la ligne — vous pourrez faire passer de quarante à cinquante lignes par jour — avec cela on vit assez mal, je le sais, mais enfin on ne meurt pas tout à fait de faim... — d'ici à quelques jours je m'arrangerai de façon à vous donner les comptes-rendus d'un théâtre quelconque, et cela vous fera trois ou quatre articles de plus par semaine...

— Vous êtes pour moi d'une bienveillance... — voulut dire Georges.

Le vieux journaliste l'interrompit.

— Non, jeune homme — fit-il — je ne suis pas bienveillant... je suis juste... — je vois en vous de l'étoffe et de l'avenir... — je vous pousserai, par amour pour mon métier que j'aime plus que tout au monde... — A propos, avez-vous besoin d'une petite avance — il y a là dix francs à votre service... vous les rembourserez en copie.

— Merci, monsieur — répondit Georges

très touché de cette offre — il me reste quinze francs, et c'est suffisant pour quelques jours...

M. de Saint-Sylvain frappa ses deux mains l'une dans l'autre avec un étonnement qui ressemblait à de la stupeur.

— Le monde renversé! — s'écria-t-il ensuite — un rédacteur du *Lucifer* qui refuse une avance!... — J'ai plus de soixante ans! — j'ai vu bien des choses, et pourtant je ne croyais pas vivre assez longtemps pour voir celle-là!... — Quel exemple à donner aux petits crétins!... mais, s'ils avaient été témoins du fait, ils ne le croiraient pas!... — L'un d'eux, et le moins idiot peut-être, m'adresse, toutes les semaines, une épître de deux cents vers pour me demander une avance de quarante sous que je lui refuse... — Enfin, jeune homme, souvenez-vous que les dix francs seront toujours à votre disposition... — Il est inutile de me remercier... — voilà trois heures qui sonnent, mes drôles vont arriver... — quand la rédaction sera ici au complet, ou à peu près, je vous présenterai.

En effet, à ce moment précis, deux jeunes gens entraient dans le bureau, et, en moins d'une demi-heure, cinq ou six autres les suivirent.

Le livre que nous écrivons n'est pas, à proprement parler, une étude de mœurs littéraires.

C'est assez dire que le temps et l'espace nous manquent pour entrer dans de certains détails qui ne se rapportent point de façon absolue aux principaux de nos personnages.

Les hors-d'œuvre — les flâneries — les excursions à droite et à gauche de notre sujet, nous sont interdits.

Nous avons d'ailleurs, dans un ouvrage précédent, tracé le rapide croquis de quelques hargneux profils de rédacteurs de petits journaux.

Nous n'augmenterons pas, quant à aujourd'hui du moins, cette galerie de vilains portraits.

Disons seulement que presque tous les jeunes gens se distinguaient par l'excessif laisser-aller de leur costume — par l'excentricité de leurs allures — par la prétention affectée de leur langage — par la sournoise insolence de leur regard.

Un d'entre eux, pourtant, plus mal vêtu que les autres, et remarquable par une chevelure touffue et inculte et par une longue barbe noire — remarquable surtout par la prodigieuse laideur de sa figure spirituelle qui ressemblait à celle d'un singe — avait l'air assez bon enfant.

Ce dernier, ayant un peu plus de talent que ses collègues, avait aussi moins de prétentions.

Il donnait au *Lucifer* des chansons fort bien tournées, et faisait des vaudevilles pour les tout petits théâtres.

Il avait même eu deux ou trois pièces jouées, non sans succès, au Palais-Royal et aux Variétés.

La présence d'un étranger dans le sanctuaire habituellement interdit aux profanes, excita la surprise et la curiosité de tous ces messieurs.

Ils se désignaient Georges, assis dans un coin auprès du bureau de M. de Saint-Sylvain, et ils se disaient les uns aux autres :

— Quel est celui-là ?

— Que fait-il ici ?

— D'où vient-il ?

— Que veut-il ?

Interrogations qui recevaient à peu près les réponses suivantes :

— Il est bien vêtu — c'est quelque jeune premier qui va débuter à l'Ambigu ou à la Gaîté...

— Il vient réclamer la bienveillance du journal.

— C'est l'amant d'une actrice des Funambules... — il sollicite un article pour sa maîtresse afin qu'elle soit engagée aux Folies-Dramatiques...

— C'est un ténor de province...

— C'est un compositeur de romances...

— C'est l'inventeur d'une polka nouvelle...

Etc... etc... et plusieurs pages d'*et cœtera*.

M. de Saint-Sylvain coupa court à ce déluge d'interrogations et de commentaires.

— Messieurs — dit-il avec sa terrible voix — le *Lucifer* vient d'acquérir un nouveau collaborateur que je vous présente... — c'est M. Georges de Coësnon, ici présent... — et je vous préviens qu'il sait se battre, celui-là, et qu'à l'avenir les gens que vous attaquerez dans le journal et qui ne seront pas contents trouveront à qui parler — non pas en vous — mais en lui...

Pas un des petits crétins du *Lucifer* ne songea à relever la dernière phrase du rédacteur en chef — phrase si parfaitement insultante et qui les souffletait en plein visage.

Ils se dirent seulement qu'il serait dangereux de s'attaquer trop ouvertement à ce monsieur qui *savait se battre*, et, au lieu d'exprimer hautement leur mauvais vouloir à l'*intrus*, ils se contentèrent de le regarder de travers et de se promettre *in petto* de saisir avec empressement toutes les occasions de lui être sournoisement et ténébreusement hostile et désagréable.

Les choses se passèrent du reste fort tranquillement, et il n'y eut aucune de ces scènes un peu plus que vives, fréquentes entre dogues et bouledogues, et auxquelles M. de Saint-Sylvain semblait s'attendre.

Après cela, peut être le vieux roué savait-il à merveille qu'en posant dès l'abord Georges de Coësnon en ferrailleur et en spadassin, il prenait le meilleur et le plus sûr parti pour éviter tout conflit entre le nouveau venu et les journalistes peu belliqueux.

## VI

Mademoiselle ***.

Laissons s'écouler un intervalle de quelques mois.

La souterraine malveillance des collaborateurs du *Lucifer* à l'endroit de Georges de Coësnon, s'était lassée peu à peu et avait fini par s'user entièrement.

Les *petits crétins* de M. de Saint-Sylvain en étaient arrivés à ne détester et à ne jalouser le jeune Breton que de la même façon dont ils se détestaient et se jalousaient les uns les autres.

Hâtons-nous d'ajouter que, de son côté, Georges n'éprouvait pas pour eux des sentiments meilleurs.

Il faisait néanmoins une quasi-exception pour ce chansonnier-vaudevilliste, aux longs cheveux emmêlés, à la barbe noire et à la figure de singe.

D'assez bons rapports s'étaient même établis entre eux. Un sujet de pièce, apporté par Georges, avait été accepté par le chansonnier, et ils travaillaient de compagnie à un vaudeville en un acte qu'ils destinaient à un théâtre bien posé.

Le jeune Breton avait abandonné l'hôtel de la *Croix-de-Malte* pour prendre un cabinet fort peu garni au sixième étage d'une maison meublée du Faubourg-Montmartre.

Il payait ce galetas vingt francs par mois et vivait modestement avec ce qu'il recevait du *Lucifer*.

La somme mensuelle gagnée par lui au journal, avec le travail le plus ingrat et le plus fatigant qui se puisse imaginer, ne dépassait pas quatre-vingt-dix francs.

Le rédacteur en chef avait tenu, cependant, toutes ses promesses.

Non-seulement il faisait passer la copie de Georges préférablement à celle des autres — mais encore il s'était arrangé de façon à donner à Georges les articles relatifs au Théâtre des Variétés.

Georges, mis au courant du chantage indispensable et de la pression morale qu'il fallait exercer sur les artistes pour les décider, ou, pour mieux dire, les contraindre à s'abonner, s'en acquittait de son mieux, mais avec un dégoût extrême.

Il ne s'accoutumait point facilement à donner de grands coups d'encensoir tout au beau milieu du visage de l'acteur qu'il trouvait mauvais, mais qui payait au journal une redevance de cinquante francs par an — et à *éreinter* le comédien de talent, qui ne pouvait ou ne voulait pas subir cette taxe odieuse.

La besogne de Georges lui semblait surtout odieuse quand il avait affaire à des femmes, et qu'il recevait l'ordre de les attaquer avec violence comme artistes, et, en outre, de contester leur jeunesse, leur beauté, leur distinction — choses souvent incontestables.

Mais, somme toute, cet horrible métier rapportait du pain — Georges n'avait aucun autre moyen de s'en procurer — d'ailleurs ce métier lui paraissait toucher par un point, bien minime il est vrai, à la littérature — et Georges espérait toujours que l'avenir ne ressemblerait point au présent, et que son étoile de poète finirait par briller enfin dans le ciel si sombre jusque-là.

Nous allons arriver à la série des événements qui devaient décider de son avenir.

Si peu de chose que fût *le Lucifer*, il n'était cependant pas absolument ignoré dans le monde théâtral.

On méprisait ses honteuses morsures, mais, tout en les méprisant, on les redoutait.

La dent du *Lucifer* ne tuait point comme une dent de vipère ou de serpent à sonnettes, elle produisait quelque chose de semblable à la piqûre de certains insectes vénimeux et nauséabonds.

On ne pouvait écraser le journal — on se garait de lui quand cela pouvait se faire sans entraîner à de trop grands sacrifices.

Nous avons dit que Georges et son collaborateur barbu faisaient un vaudeville.

Lorsque ce vaudeville fut achevé, ils le portèrent au directeur des Variétés.

Ce dernier lut la pièce, la trouva jolie et la reçut — mais ce n'était point le mérite intrinsèque de cette production qui l'avait déterminé à l'accueillir favorablement — c'était tout simplement le désir de se rendre favorables deux rédacteurs du *Lucifer*, par lesquels, en cas de refus de sa part, il se croyait certain d'être tympanisé pendant trois mois entiers.

Le petit vaudeville fut immédiatement mis à l'étude — réussit fort bien et rapporta à ses auteurs quelques centaines de francs.

Ceci, d'ailleurs, n'est pour nous qu'un détail de la plus minime importance, et peut-être n'en eussions-nous point parlé sans notre désir de constater que la réception et la représentation de sa pièce avaient donné à Georges ses entrées dans les coulisses et au foyer des artistes.

Il en profita, comme bien on pense, avec cette ardeur exubérante qui se manifeste chez les très jeunes gens devant lesquels s'ouvrent ces issues mystérieuses que le profane vulgaire regarde à peu près comme les portes d'un gynécée oriental, ou comme celles du paradis de Mahomet.

Qu'elles sont voluptueuses, en effet, et bien dignes d'envie, ces joies qui consistent à respirer tout à son aise la vapeur infecte des quinquets de la coulisse, et l'âcre poussière des planches balayées à la hâte!...

Quel plaisir de voir l'envers des décors — de se faire bousculer par les machinistes — de coudoyer les pompiers de service!...

Quelle satisfaction intime et profonde, que de s'assurer, *de visu*, que l'ingénue qui, depuis la salle, paraît jeune et charmante, et dont vous admiriez hier encore les joues roses — les lèvres rouges — la magnifique chevelure — a quarante-cinq ans — beaucoup de rides et fort peu de cheveux... à elle!

A Sparte on exposait un ilote ivre devant les jeunes gens de la ville, pour les dégoûter de l'ivrognerie abrutissante. — Le meilleur, le plus sûr moyen de couler à fond ce prestige de théâtre, si fascinateur, à ce qu'il paraît, sur de certaines imaginations, serait d'ouvrir les coulisses à tous ces gens exaltés qui ne les voient qu'à travers leurs rêves...

Mais Georges ne partageait point notre opinion, et il avait pour cela la meilleure de toutes les raisons...

Il était amoureux....

Amoureux d'une actrice en vogue !... — l'une des choses les plus tristes, sans contredit, qui puissent arriver à un garçon de cœur !...

Et n'allez pas croire, au moins, que ceci soit un paradoxe ! — rien au monde n'est plus vrai et moins contestable.

Écoutez plutôt ce qu'écrit à ce sujet un spirituel conteur :

« Il est dans l'essence divine de l'amour, pris dans sa plus sainte acception, de faire de l'être aimé un autre soi-même, et pour cela, pour arriver à cette mystérieuse assimilation, de posséder exclusivement la femme dont les rayons magnétiques et ceux de l'homme se sont rencontrés à travers les âges, les mondes, les obstacles, les barrières et tous les contraires soulevés.

» Tous aspirent à cet hymen de deux âmes, quelques-uns y parviennent, les amants d'actrices, jamais, parce que les actrices sont des propriétés publiques comme les Tuileries, le Luxembourg et le bois de Boulogne. — Vous pouvez vous faire la douce philosophie de croire que ces jardins sont à vous, mais il faut être un peu fou ou très grand poète pour arriver à une complète illusion.

» En réalité, il n'est pas une allée, un arbre, un grain de sable, qui ne soient autant au dernier des manants qu'à vous. — Ainsi de l'actrice — il n'est pas un de ses membres, de ses cheveux, pas un de ses gestes, sur lesquels n'aient des droits égaux aux vôtres le goujat qui a donné six sous pour la déshabiller du regard, la souiller de sa curiosité indécente, la ternir de ses appréciations immondes, et en rêver sur son matelas infâme...

» Et, rigoureusement parlant, elles sont encore plus publiques que les jardins publics; ceux-ci, du moins, ferment à neuf heures; les actrices ne ferment qu'à minuit.

» Le mépris dont elles sont poursuivies à travers les siècles, et auquel la civilisation n'a rien ôté, vient de là ; — non de leurs mœurs, qui ne sont ni pires ni meilleures que celles des autres femmes, mais uniquement de cette prostitution vague, plus hideuse que la prostitution réelle : — celle-ci ne vend que le corps, et dans l'ombre — celle-là vend le corps, l'intelligence, le cœur et l'âme en pleine lumière.

» On ne s'entend pas ainsi dans un commun mépris sur ce qui n'est pas un principe. — Partout l'actrice est diffamée. — La bayadère, l'almée, l'actrice, qu'elle soit Espagnole, Italienne ou Française, sont enveloppées dans la même réprobation. — Cela ne saurait être sans raison. — N'en cherchez pas d'autre que dans ce que nous venons de dire : l'actrice est à tout le monde — ce qui est le néant — au lieu d'être à un seul, — la véritable condition morale peut-être à soi-même. »

Il est impossible de mieux dire — nous le croyons ; — il est impossible d'être plus complétement dans le vrai, nous l'affirmons.

Mais, encore une fois, Georges ne partageait point notre façon de voir, non plus que celle de l'écrivain que nous venons de citer...

Le malheureux aimait une comédienne des Variétés ! — et quelle comédienne !... la reine des impures de cette époque ! — la belle et séduisante fille, au corps de Diane chasseresse et à la tête de pastel

Pompadour — la Phrynée conquérante du théâtre moderne, célèbre par son gracieux talent, plus célèbre encore par son écrin princier, ses chevaux de race, ses prodigalités folles et la liste de ses amants, aussi nombreux que ceux de Rhodope, son antique rivale.

Nous la connaissons tous, cette femme dont Paris entier citait jadis les excentricités et les bons mots — vous avez son nom sur les lèvres — elle est encore au théâtre aujourd'hui ; mais, hélas! ce n'est plus elle-même!...

Que sont devenues les nattes opulentes de ses cheveux châtains, parfumés et si doux, qui faisaient jadis une triple couronne autour de sa tête délicieuse?...

Où est allé ce petit nez si fin, si coquet,

si agaçant, si plein d'une mignardise provocante?

Où sont les fermes contours de deux seins taillés par Phydias dans le marbre blanc de Carrare?...

Et la souplesse de cette taille fine et ployante, qui se cambrait si fièrement sur des hanches d'Espagnole?...

Et cette main fluette aux ongles longs et roses?... — Et ce pied patricien, si petit, que la pantoufle de Cendrillon eût été trop large pour le chausser?...

Hélas! ces multiples trésors d'une jeunesse verdissante sont allés où vont toutes choses :

> » Où va la feuille de rose
> » Et la feuille de laurier..

Les longs cheveux si doux aux lèvres caressantes, aux mains enfiévrées d'amour qui se noyaient dans leurs ondes, ont disparu l'une après l'autre. — Aujourd'hui des nattes étrangères, recoltées sur les têtes bretonnes des jeunes filles du Finistère et des Côtes-du-Nord, tiennent leur place, mais ne les remplace pas.

Le nez mignon, qui semblait copié d'après Watteau, tant il était petit et joli, a littéralment disparu sous l'envahissement progressif et continu des joues, bouffies et boursouflées outre mesure.

Nous en dirions volontiers autant des yeux et de la bouche, menacés et presque envahis par cet embompoint que rien n'arrête.

Les seins délicats et correctement ciselés de la Vénus de Milo sont devenus une gorge de nourrice cauchoise. — Les vieux bourgeois libertins du Marais apprécient ces sortes de choses et disent volontiers d'une personne entre deux âges, amplement dotée de ces chairs volumineuses :

— C'est une *bien belle femme, douée des appas les plus séducteurs!...*

La taille a perdu sa souplesse et sa désinvolture; les hanches s'élargissent démesurément.

La main, belle encore, mais trop grasse, semble raccourcie et se timbre, à chaque pli, de profondes fossettes.

Le pied s'empâte déplorablement. — Un double bourrelet de chair jaillit de chaque côté, sous l'inutile effort des souliers de satin qui cherchent à le comprimer.

Bref, des innombrables *avantages* dont la comédienne était douée jadis, il ne lui reste aujourd'hui que ses diamants et ses coupons de rentes — Les uns et les autres sont nombreux.

Ajoutons qu'elle est possédée, depuis quelque temps, de la manie du mariage — il s'agit, bien entendu, d'un mariage sérieux et légitime, par-devant l'écharpe de M. le maire et le surplis de M. le curé.

Or, pour arriver à ce résultat tant souhaité, l'actrice offre quotidiennement et successivement sa main, son écrin et ses coupons de rente, à tous les jeunes premiers de Paris.

Chose étrange!... elle n'a pas encore

trouvé d'amateur!... — Mais elle ne perd point courage et compte, dans un prochain avenir, attacher sur son front virginal la couronne de fleurs d'oranger !

Nous souhaitons qu'elle y réussisse.

A l'époque des débuts de Georges dans le journalisme, la comédienne qui nous occupe avait trente ans à peine.

C'est assez dire qu'elle était dans tout l'éclat de sa beauté, de sa vogue et de ses succès.

Le jeune écrivain se prit pour elle d'une passion violente et qui se manifestait sous toutes les formes. — Georges passait presque toutes les nuits à composer pour elles de vers charmants, qu'il ne signait pas et qu'il remettait chez le concierge du théâtre dans une enveloppe à son adresse ; —

il trouvait toujours moyen de se rapprocher d'elle au foyer; — il ne la quittait guère plus que son ombre dans les coulisses, et, lorsqu'elle était en scène, il l'attendait, caché derrière quelque fragment de décor, auquel il faisait avec un canif un petit trou qui lui servait à ne la point perdre de vue.

Le spectacle fini, et à la sortie des artistes, Georges la suivait à quelque distance; — il la voyait monter en voiture, et bien souvent il sentait son cœur se briser en voyant qu'elle n'y montait pas seule, ou que ses chevaux anglais l'emportaient dans une direction précisément opposée à celle de son logis.

Or, avec toute la bonne volonté du

monde, Georges ne pouvait se faire aucune illusion à l'endroit de l'emploi des nuits de son adorée.

Aussi, ces soirs-là, rentrait-il dans son galetas, en proie à une fièvre violente, et dévoré par les morsures aiguës de ce serpent de feu qu'on appelle la jalousie.

Et cependant il lui fallait souffrir en silence, car il n'avait pas l'ombre d'un droit sur l'actrice, qui ne paraissait pas même se douter de l'amour qu'elle inspirait — et le lendemain il revenait au théâtre, attiré par une force invincible, plus pâle que la veille, mais aussi plus épris.

Il aurait donné de grand cœur ses appointements et ses droits d'auteur d'un mois entier pour pouvoir entonner à sa guise, dans ses articles du *Lucifer*, relatifs au théâtre des Variétés, un hymne en l'honneur de son idole.

Mais M. de Saint-Sylvain y mettait bon ordre. — *A chacun selon son abonnement !* — disait-il avec une impartialité digne d'éloges.

Or, l'actrice en vogue n'était abonnée qu'une fois — le rédacteur en chef lui mesurait les louanges en conséquence, et retranchait impitoyablement dans la prose de Georges tout ce qui lui semblait dépasser tant soit peu la stricte mesure.

Le jeune homme eut bien l'idée de

prendre une demi-douzaine d'abonnements au nom de l'actrice, et de les payer de son argent, afin de ne plus voir mutiler sans pitié ses brûlantes colonnes.

Mais il réfléchit que mademoiselle ***, fort étonnée à coup sûr de recevoir chaque jour six ou sept numéros au lieu d'un seul, viendrait demander une explication dans les bureaux, et que les suites de cette explication le couvriraient de ridicule.

Il dût en conséquence renoncer à son projet, et il y renonça en effet.

Deux mois se passèrent.

On ne jouait plus la pièce de Georges, mais le jeune auteur, dont la passion impétueuse grandissait de jour en jour et pour ainsi dire d'heure en heure, se montrait assidu au théâtre plus que jamais, et semblait remplir auprès de mademoiselle\*\*\* l'emploi de ces pages du bon vieux temps qui portaient les queues traînantes des robes des dames châtelaines.

Depuis que mademoiselle \*\*\* avait rempli le rôle d'Anne d'Autriche, dans un vaudeville prétendu historique, les cabotins faisaient des gorges chaudes à propos de Georges qu'ils détestaient cordialement à cause de son titre de journaliste, et ne manquaient jamais de dire en le voyant apparaître au foyer ou dans les coulisses :

— Ah ! voici l'amoureux de la reine !...

Le jeune homme, en sa qualité de fort

beau garçon, trouvait chez les comédiennes un peu plus de sympathie.

Seulement elles déploraient le mauvais goût qu'il avait montré en s'attachant à cette *pécore* — (nous reproduisons textuellement le langage de ces dames) — qui ne savait que prendre fort ridiculement des grands airs, et qui ne se souciait non plus de lui que s'il n'eût pas existé.

Voilà où en était la situation.

Georges, torturé par cette passion secrète qu'il se voyait contraint de refouler au fond de son âme, et que d'ailleurs il croyait parfaitement cachée à tous les yeux, venait de prendre le parti de rompre la glace et de déclarer à mademoiselle*** qu'il l'aimait éperduement.

Si l'actrice repoussait cet aveu avec colère ou avec raillerie, le jeune homme était persuadé qu'il se brûlerait la cervelle, et que son désespoir d'amour le réduirait à cette terrible extrémité où n'avaient pu le pousser la misère et le découragement.

# VII

Un tête-à-tête original.

Nous le répétons, la résolution de Georges, au moment où il arriva au théâtre, était parfaitement prise et irrévocable.

Il voulait en finir — il voulait parler —

il préférait une certitude désespérante à une incertitude intolérable.

Il entra dans les coulisses.

Un vaudeville en deux actes, formant la pièce de résistance du spectacle et dans lequel mademoiselle *** remplissait le rôle principal, était au moment de finir.

L'actrice allait entrer en scène pour le dénoûment.

Elle portait une robe de gros de Naples rose, très décolletée de la poitrine et des épaules. — Ses beaux bras étaient nus — des nœuds de velours noirs se mêlaient aux nattes de ses magnifiques cheveux châtains à reflets cendrés, et elle avait piqué une rose rouge dans sa tresse du côté gauche, un peu au-dessus de l'oreille.

Georges fut étourdi de sa beauté, qui, réellement, était éblouissante ce soir-là.

Ses yeux se voilèrent — son cœur battit à rompre sa poitrine — son sang, violemment fouetté dans ses veines, envoya à ses oreilles des bourdonnements bizarres, et il fut obligé de s'appuyer contre un portant.

L'actrice se retourna par hasard.

Elle aperçut Georges et elle attacha sur lui un regard qui n'avait point son expression habituelle de complète et profonde indifférence.

Ce regard n'exprimait cependant aucune nuance de tendresse, mais on y pouvait lire une assez vive préoccupation.

Georges sentit ces deux rayons électriques s'arrêter sur lui — son cœur cessa de battre, et il devint pâle comme quelqu'un qui va se trouver mal.

Mademoiselle*** entendit en ce moment *la réplique* qui précédait son entrée — son regard se détacha du journaliste — elle composa son visage et s'élança en scène.

Aussitôt qu'elle eut disparu, Georges revint à lui-même, et la réelle fascination, que la présence de la comédienne lui faisait subir s'effaça peu à peu.

Et, cependant, ce fut comme à travers les brumes d'un demi-sommeil qu'il l'entendit chanter le couplet final du vaudeville auquel succéda une salve d'applaudisssements.

Puis le rideau d'avant-scène s'abaissa pour l'entr'acte, et le théâtre inondé de lumière un instant auparavant par les cents becs du gaz du lustre et de la rampe, ne se trouvant plus éclairés que par les quinquets accrochés aux portants, devint relativement obscur.

Trois ou quatre des acteurs de la pièce qui venait de finir traversèrent rapidement les coulisses et passèrent devant Georges sans qu'il les vit.

Enfin une robe rose et de blanches épaules se détachèrent dant la pénombre, et Georges aspira à pleins poumons les émanations vagues d'un parfum bien connu, et qui ne manquait jamais de lui faire rêver des voluptés célestes.

Mademoiselle*** s'avançait du côté de Georges.

Le jeune homme crut d'abord qu'elle allait passer, comme de coutume, dédaigneuse, indifférente, ne le voyant pas ou, du moins, faisant semblant de ne pas le voir, et ne répondant à son salut que par une distraite inclinaison de tête.

Il n'en fut point ainsi.

Au moment où l'actrice se trouva en face de Georges, elle s'arrêta.

Les genoux du journaliste ployaient sous lui.

Il aurait voulu parler, il ne trouva pas un mot à dire.

L'actrice sourit.

— George — dit-elle avec cette familiarité en usage dans les coulisses entre auteurs et comédiennes — avez-vous quelque chose de pressant à faire ce soir?

— Moi?... balbutia le jeune homme —

je n'ai rien à faire, mademoiselle... rien absolument...

— Alors, je puis disposer de vous pendant cinq minutes?

— Vous pouvez disposer de moi, mademoiselle, non pas seulement pour cinq minutes, mais pour la soirée tout entière.

— Oh! je ne serai pas si exigeante — répliqua l'artiste en riant — cinq minutes me suffiront... — ce que j'ai à vous dire n'est pas bien long...

— Vous avez... quelque chose... à me dire?

— Oui.

— Je vous écoute, mademoiselle...

— Oh! non, pas ici... — trop d'oreilles

sont ouvertes autour de nous, de tous les côtés...

— Où donc, alors?... au foyer peut-être?

— L'inconvénient serait le même — nous ne serons à l'abri des indiscrets que dans ma loge...

— Dans votre loge!... — s'écria Georges qui ne pouvait croire ce qu'il entendait.

— Mon Dieu, oui — répondit l'actrice avec un nouveau sourire — à moins que cela ne vous contrarie d'y monter...

— Ah! par exemple!... mademoiselle... pouvez-vous croire?... — faut-il vous suivre à l'instant?

— Non. — Je passe la première — venez me rejoindre. — Si l'on nous voyait monter ensemble, on ferait des cancans au théâtre, et je ne les aime pas...

— Vous savez le numéro ?

— Non, mademoiselle.

— Numéro 3. — Je me sauve et je vous attends dans une minute.

Et mademoiselle*** légère comme une sylphide qu'elle était alors et qu'hélas ! elle n'est plus, disparut entre deux décors en fredonnant un couplet de facture.

Georges se trouva seul, stupéfait, abasourdi, roulant entre ses mains son chapeau qu'il bosselait impitoyablement, et se demandant s'il était bien éveillé.

Certes, en quelques secondes, il se passa dans son esprit plus de choses que nous ne viendrions à bout d'en faire tenir en cinquante pages.

Mais nous nous abstenons avec soin

d'enregistrer ces pensées confuses et ces interrogations incohérentes qui se croisaient, s'enchevêtraient et n'obtenaient pas de réponse.

Une minute est bientôt passée.

L'actrice avait donné rendez-vous à Georges dans une minute, — il prit machinalement le chemin qui conduisait aux loges d'actrices.

Arrivé à la porte numéro 3, il frappa doucement.

— Est-ce vous ? — demanda la voix de mademoiselle ***

— Oui — répondit Georges.

La porte s'ouvrit et se referma derrière le jeune homme qui pensa devenir fou en se voyant ainsi seul avec la femme qu'il idolâtrait, dans cette loge étroite, tendue de perse à fleurs roses, éclairée par deux lampes à réflecteurs posées sur une toilette-duchesse, — et en respirant cette atmosphère embrasée, enivrante, que saturaient de violents parfums — *ces parfums qui font aimer !* — comme dit Victor Hugo dans ses Orientales.

Mademoiselle\*\*\* avait déjà retiré sa robe.

Avec ce cynisme d'impudeur qui est devenu une seconde nature chez certaines actrices, elle se montrait ainsi, à ce jeune homme de vingt ans, presque nue, n'ayant conservé que ses jupons courts et un de ces corsets de théâtre tellement échancrés par devant que la gorge en jaillit tout entière.

Pourquoi ne le dirions-nous pas ?

Il y avait encore chez **Georges**, à cette

époque, quelque chose du gentilhomme breton qui voudrait respecter la femme qu'il aime...

Cette impudeur, au lieu de le charmer, lui fit éprouver un sentiment presque pénible — il rougit comme une jeune fille et baissa timidement les yeux.

Mademoiselle\*\*\* se méprit complétement à ce qui se passait dans l'esprit de Georges.

Elle crut que sa beauté ainsi dévoilée brûlait les regards de Georges et faisait monter à ses tempes tout le sang de son cœur — elle sourit, et, prenant sur une chaise un châle léger, elle le jeta sur ses épaules et s'en enveloppa.

— Asseyez-vous là — lui dit-elle ensuite en indiquant de la main un petit divan qui occupait tout un des côtés de la loge — asseyez-vous là...

Georges obéit.

— Et maintenant — reprit l'actrice — causons comme une paire d'amis... que nous ne sommes pas encore, mais que nous serons bientôt...

Étonné de cet étrange début Georges leva les yeux sur l'actrice, et son regard était aussi significatif qu'un double point d'interrogation à la fin d'une phrase.

Mademoiselle*** continua :

— Quoi qu'on puisse dire et penser de moi, je sais que je vaux mieux que ma réputation — je suis une bonne fille, allez — je crois que vous êtes un bon garçon, et je parierais volontiers cent louis contre cent sous, qu'aussitôt que je vous aurai ôté de l'esprit certaines idées ridicules qui, j'en ai grand'peur, y tiennent en ce moment un peu trop de place, nous serons les meilleurs amis du monde.

— Mademoiselle — balbutia Georges — que voulez-vous dire ?... je ne vous comprends pas...

— Comment, vous ne devinez pas de quelles idées je prétends parler ?...

— Non, mademoiselle...

— Bien vrai ?

— Bien vrai.

— Pour un garçon d'esprit, vous êtes étonnant !!... — alors, vous voulez que je m'explique ?

— Je vous en prie...

— Soit ! — je vais être claire et limpide comme de l'eau de roche... — transparente comme un verre mousseline — mais, de votre côté, serez-vous franc ?

— Pourquoi ne le serais-je pas ?

— Qui sait ?... — enfin, promettez-vous de l'être ?...

— Je le promets...

— Le jurez-vous ?

— Je le jure.

— Voilà qui va bien ! — et, maintenant, écoutez avec recueillement et répondez avec sincérité — je ne vous en demande pas davantage...

— J'attends que vous m'interrogiez, mademoiselle...

— Vous n'attendrez pas longtemps... m'y voici : — depuis tantôt deux ou trois mois, vous passez votre vie à composer des vers, dont quelques-uns sont fort jolis, et que vous chargez, à peu près quotidiennement, la portière du théâtre de remettre en mes blanches pattes...

Georges fit un brusque haut-le-corps, devint pourpre et interrompit la phrase de l'actrice en s'écriant :

— Mais qui vous a dit, mademoiselle, que les vers en question fussent de moi ?

Mademoiselle *** haussa les épaules en riant.

— Ah! ma foi — répliqua-t-elle ensuite c'était difficile à deviner et vous agissiez joliment en homme qui désire garder l'anonyme!... — regardez votre main gauche.

Les yeux de Georges s'abaissèrent machinalement sur la main désignée.

— Eh bien?... — demanda-t-il ensuite,

du ton de quelqu'un qui ne comprend pas.

— Eh bien, mon cher — poursuivit l'actrice — vous avez au doigt annulaire une bague armoiriée, et les armes de cette bague sont reproduites sur le cachet de chacune des petites enveloppes poétiques et mystérieuses de vos vers.

Et, tout en parlant, elle entr'ouvrait le tiroir de la toilette et elle en tirait une douzaine d'enveloppes qu'elle faisait passer sous les yeux de Georges.

— Vous avez raison — s'écria alors ce dernier en faisant appel à tout son courage, comme un duelliste timide arrivé au moment décisif, vous avez raison, mademoiselle, je me suis trahi moi-même avec toute la maladresse imaginable... —

il m'est impossible de nier... et d'ailleurs, pourquoi nierais-je?...

— A merveille! — le prévenu avoue; — voilà qui simplifiera singulièrement les débats du procès... — Passons au second grief...

— Il y en a donc un second?

— Parbleu!... — aussi grave que le premier — plus peut-être. — Voyons si vous persévérerez dans la voie des aveux sincères...

— J'attends qu'il me soit donné connaissance du reste de l'acte d'accusation — répliqua Georges, s'associant de son mieux à la plaisanterie de l'actrice.

Cette dernière poursuivit :

— Depuis cette même époque où vous m'accablez de poésies, j'ai remarqué — et d'autres aussi n'ont point manqué de s'en apercevoir aussi bien que moi — que vous veniez le soir au théâtre avec une assiduité bizarre et inexplicable — que, lorsque je me trouvais au foyer des artistes, on était sûr de vous y voir en même temps — que vous me suiviez dans les coulisses en attachant sur moi des regards langoureux — enfin que vous vous attachiez à mes pas et que volontiers, au moment de ma sortie du théâtre, vous auriez pris derrière ma voiture la place de mon valet de pied... — Tout cela est-il vrai?...

— Tout cela est vrai.

— Ainsi, vous avouez?...

— Pleinement et sans restrictions.

— Alors vous me reconnaissez le droit de vous demander une explication au sujet de toutes ces démarches compromettantes, en vers et en prose?

— Je le reconnais.

— Eh bien ! cette explication, je l'attends.

Il y eut un instant de silence.

Dans l'étroite loge de l'actrice, on n'entendait qu'un bruit faible, monotone irrégulier.

C'était celui que produisait le cœur de Georges dans ses palpitations insensées.

— J'attends — répéta la jeune femme.

— Ma réponse sera bien courte — murmura le journaliste — elle n'aura que trois mots...

— Et lesquels?

— Ceux-ci : — *Je vous aime !...*

Un nouveau sourire d'une indéfinissable expression souleva les lèvres de mademoiselle *** et découvrit ses petites dents blanches, d'un admirable émail.

— Mon pauvre ami — répliqua-t-elle —depuis trois mois je vous vois venir et je savais que prose et vers devaient aboutir, un beau jour, à la déclaration que vous venez de formuler si galamment...

— Vous saviez que je vous aimais? — s'écria Georges avec impétuosité.

— Je savais au moins que vous me le diriez. — Toutes les chansons qu'on me chante ont le même refrain!... — Quant à ce grand amour que vous prétendez éprouver pour moi, franchement, je n'y crois guère...

— Vous ne croyez pas que je vous aime? — balbutia le jeune homme d'un ton désespéré.

— Hélas! fort peu! — et c'est afin de vous éclairer vous-même à ce sujet que j'ai provoqué ce soir l'entretien qui nous réunit...

— Eh! mademoiselle — continua Georges pathétiquement — si vous saviez..... si vous pouviez lire...

— Dans votre cœur? — interrompit l'actrice en riant; — prenez garde, mon cher Georges, la phrase est stéréotypée, et vous allez tomber dans le lieu commun... ce qui serait déplorable de la part d'un garçon spirituel comme vous l'êtes habituellement.

Ne sachant que répondre à ces paroles railleuses, le journaliste garda le silence.

Mademoiselle *** reprit.

— Vous êtes persuadé que vous m'aimez — de cela je suis convaincue; — mais cette croyance est chez vous une complète illusion — et j'espère bien vous le prouver.

Sans le vouloir, sans le savoir peut-être Georges fit un signe négatif.

L'actrice ne parut point s'en apercevoir, et elle continua :

— Vous me trouvez jolie — ce qui, toute modestie mise de côté, fait honneur à votre bon goût; — mes succès vous enivrent — les applaudissements que je reçois vous tournent la tête — il vous plairait fort d'avoir pour maîtresse une femme jeune et belle, une actrice en vogue — vos instincts sensuels et votre vanité y trouveraient leur compte — je le comprends, je ne le blâme pas ; — mais tout cela n'est point de l'amour !... — Il se trouve peut-être dans la salle des Variétés, au moment où je vous parle, cinquante ou soixante spectateurs qui éprouvent pour moi des sentiments pareils à ceux que je vous inspire..... — est-ce donc à dire que j'ai dans la salle cinquante ou soixante amoureux ?... — Vous n'en croyez pas un mot, ni moi non plus, grâce à Dieu !...

L'actrice allait poursuivre, sans doute.

Georges l'interrompit.

Depuis quelque temps il était devenu très pâle — il souffrait véritablement — chacune des paroles qu'il entendait le frappait au cœur, et il sentait le courage lui manquer pour subir plus longtemps cette torture que la jeune femme lui infligeait en souriant.

— Mademoiselle — fit-il d'une voix basse et lente, et qui semblait s'exhaler difficilement de sa poitrine déchirée — ayez pitié de moi... — dites-moi que vous ne m'aimez pas... dites-moi que vous ne m'aimerez jamais... — mais ne m'humiliez plus dans cet ardent amour dont je n'ai pu me défendre et que vous n'avez pas le droit de me reprocher !... — ne traitez plus de désirs sensuels et d'espoir vaniteux un amour qui est toute ma vie et dont je mourrai peut-être... — je vous aime, mademoiselle, je vous aime avec toute la fougue éperdue et passionnée d'un premier amour, avec tous les élans fiévreux d'un cœur qui n'avait pas encore battu !... — je vous aime comme on ne vous a jamais aimée... comme jamais on ne vous aimera !... — je vous aime avec mon esprit et avec mes sens — je vous aime avec mon cœur et avec mon âme... — je vous aime exclusivement... avant tout... plus que tout... — ce n'est pas de l'amour, voyez-vous, c'est de l'adoration cela !... — dites-moi que je vous fatigue, que je vous obsède... dites-moi que vous ne voulez plus me voir — j'obéirai — je quitterai Paris, s'il le faut, pour n'y jamais revenir — mais, au moins, au nom du ciel, ne me dites plus que je ne vous aime pas ! !...

Georges se tut et il attendit.

Il ressemblait en ce moment à un homme qui va mourir — ses mains tremblaient — son visage était livide — quelques gouttes d'une sueur froide perlaient sur son front et à la racine de ses cheveux.

L'actrice était loin de s'attendre à cette explosion passionnée.

Malgré sa prodigieuse expérience de la vie galante, jamais rien de semblable n'avait retenti à ses oreilles.

Ce cri du cœur fit vibrer en elle un organe que, depuis bien longtemps, elle croyait mort et enseveli — son cœur.

Pendant quelques secondes, elle fut presqu'émue.

— Comment — balbutia-t-elle, d'une

voix qui n'avait pas sa sonorité habituelle — comment, mon pauvre Georges, vous m'aimez tant que cela ?...

— Cent fois plus encore! — s'écria le jeune homme avec exaltation — cent fois plus que je n'ai pu vous le dire !...

Il y eut un nouveau silence, et ce silence fut de quelque durée.

Mademoiselle *** avait les yeux fixes et voilés — son front se penchait — sa respiration haletante soulevait violemment son sein de marbre à demi caché par le châle qui l'enveloppait.

Mais bientôt ses yeux reprirent leur expression habituelle — son front se releva — les ondes de sa gorge s'apaisèrent.

Son émotion s'en allait.

— Raisonnons — dit-elle froidement.

## VIII

**Un hiéroglyphe et un paraphe.**

— Raisonnons ! — avait dit l'actrice.

Georges tressaillit.

Ce mot tombait sur lui comme un manteau de glace !...

Quel rôle pouvait jouer en effet le raisonnement, après ces paroles ardentes dans lesquelles s'était exhalée son âme tout entière.

Mademoiselle*** prit l'une des mains du jeune homme.

Cette main, brûlante de fièvre un moment auparavant, était maintenant inerte et glacée comme si elle eut été de marbre.

— Raisonnons — répéta l'actrice — quoique j'aie grand'peur qu'avec vous le raisonnement ne soit impuissant!... — ah! vous êtes bien un Breton, mon cher! vous nous arrivez du fond de vos bruyères avec une de ces passions incroyables, comme on en voit dans les mélodrames de la Porte Saint-Martin et de l'Ambigu dont l'action se passe en Bretagne !... — Avec un homme de bon sens, on s'arrange toujours !... mais, avec une fournaise en ébullition, c'est plus dangereux !... on risque de s'y rôtir les doigts... et je tiens aux miens !... — cependant vous voilà malade, bien malade, et ce n'est qu'avec des raisonnements que j'ai la chance de vous guérir... — mais m'écouterez-vous, seulement?...

— Tout ce qu'il vous plaira de me dire, mademoiselle, je l'écouterai — répondit le journaliste d'un air résigné.

— Si vous étiez bâti comme tout le monde — poursuivit l'actrice, je ferais acte de dévoûment — je me sacrifierais — je vous dirais : — *Soyez mon amant pendant huit jours ; — dans huit jours nous nous quit-*

*terons bons amis, et tout sera fini...* — Mais, avec votre caractère et vos allures de volcan, je n'ose pas risquer l'expérience — vous n'auriez qu'à persévérer dans votre folie, malgré tout, et à continuer de prendre votre passion au sérieux !... — ce serait horriblement malheureux pour vous — horriblement gênant pour moi — et, comme je vous aurais laissé conquérir des droits, le mal serait à peu près sans remède..... — Comprenez-vous cela, mon bon ?...

— Je le comprends admirablement — répondit le jeune homme avec un sourire forcé, et en laissant sa tête retomber sur sa poitrine.

— Vous connaissez mon existence — continua mademoiselle *** — elle est celle de toutes les femmes dans la même position que moi. — Je vis de l'amour que j'inspire et que je ne ressens jamais. — Depuis dix ans mon cœur ne bat plus — je ne comprends d'autres plaisirs que ceux du luxe et de la dépense ; — il me faut de l'or — beaucoup d'or, — pour satisfaire toutes mes fantaisies, pour écraser toutes mes rivales ! — Ma beauté est ma seule fortune — je la déprécierais en donnant pour rien à un seul ce que tant d'autres offrent de payer si cher ! — Tout au plus — rarement — par hasard — si je me permets un caprice, ce caprice doit tomber sur quelque homme très célèbre, dont la passagère tendresse me soit une vivante réclame — ou sur quelque inconnu très obscur, mais qui puisse, un jour ou l'autre, me rendre quelque grand service auquel l'argent n'aura point de part... — Voilà ma profession de foi — voilà ma règle de conduite ; — rien au monde ne saurait m'engager à m'en départir...

L'actrice s'arrêta.

Georges continuait à écouter cette *profession de foi* cynique, et, malgré lui, une larme furtive s'échappait de sa paupière et roulait lentement sur sa joue.

— Vous n'êtes rien — reprit la comédienne, avec une voix caressante et veloutée qui semblait vouloir, par sa douceur, atténuer de dures paroles — vous n'êtes rien, mon pauvre Georges, rien qu'un vaudevilliste inconnu, rien qu'un journaliste ignoré!... — Vous ne pouvez

demain imposer à mon théâtre une pièce
faite pour moi, et me donner un de ces
rôles qui valent mieux pour une actrice
qu'un diadème de diamants! — Vous n'êtes
pas seulement le maître de m'élever un
piédestal dans votre journal obscur..... —
Vous m'y proclamez comédienne illustre
tout juste jusqu'à concurrence des cinquante francs de mon abonnement..... et,
pour le même prix, mes chères camarades
et ennemies ont de votre prose louangeuse
une aussi belle part que moi-même..... —
Est-ce vrai?

— C'est vrai..... — dit Georges sourde-
ment.

Mademoiselle *** continua :

— Vous êtes joli garçon — c'est exact
— très joli garçon même... — ce serait

pour beaucoup de femmes une précieuse qualité, un titre imprescriptible à la conquête de leurs faveurs ; — mais pour moi, je vous le répète, la beauté n'existe pas — mes sens sont morts aussi bien que mon cœur ! — Quand on me parle d'un homme, je ne demande pas : — Est-il beau ? — Je demande seulement : — Est-il riche ?

Georges se leva.

Il salua mademoiselle \*\*\*, sans prononcer un seul mot, et il fit deux pas vers la porte de la loge.

— Vous partez ? — demanda l'actrice.

— Comme vous voyez — répondit Georges.

— Et vous partez fâché, sans doute ?

— Fâché ?... et pourquoi donc ?

— Mais, parce que je vous ai parlé raison — parce que j'ai été franche avec vous : — deux choses qui ne se pardonnent guère... — bref, vous m'en voulez beaucoup?...

— Non-seulement je ne vous en veux pas — répliqua le jeune homme — mais encore je vous remercie.

— Vous me remerciez?...

— Oui.

— De quoi ?

— Vous m'avez fait beaucoup de bien.
— Au revoir, mademoiselle.

Georges fit un pas de plus vers la porte de la loge.

Déjà sa main touchait le bouton de cristal.

L'actrice l'arrêta par ces mots, nettement et fermement accentués :

— Voulez-vous être mon amant ?

Georges se retourna brusquement.

— Qu'avez-vous dit ? — demanda-t-il.

Mademoiselle *** répéta sa phrase :

— Raillez-vous ? — s'écria Georges.

— En ai-je l'air ?...

— Vous n'êtes pas comédienne pour rien, et votre visage sait exprimer tout ce que vous ne pensez pas...

— Il n'exprime en ce moment que ce que je pense.

— Ainsi, vous m'offrez...

— D'être votre maîtresse — oui — très positivement — mais à de certaines conditions...

— Ah ! il y a des conditions ?

— Sans doute — à quoi n'y en a-t-il pas en ce monde ?...

— Et les vôtres ?

— Sont des plus simples ! — Je vous dirai, comme la légende d'une vieille gravure dont se décore un des panneaux de la loge de mon portier : — *De trois choses en ferez-vous une ?...*

— Quelles sont ces choses ?

— Voici la première : — *Soyez riche.*

Georges haussa les épaules avec un sourire ironique, mais il garda le silence.

Mademoiselle*** continua :

La seconde est : — *Soyez célèbre* — et la troisième : — *Soyez puissant ou dangereux, propre à servir ou propre à nuire* — et je vous promets d'être à vous... — Mais, en attendant plus de vers — cessez de vous attacher à mes pas, de me suivre comme mon ombre et de nous rendre ridicules autant l'un que l'autre... — Est-ce convenu?...

Georges salua.

— Mademoiselle — répliqua-t-il — il est assez vraisemblable que je ne deviendrai jamais riche — mais je serai peut-être célèbre et je serai bientôt dangereux. — Vos paroles ont été pour moi une révélation — je sais maintenant ce que je puis et ce que je dois être, et je le sais, grâce à vous. — C'est un grand service que celui que vous m'avez rendu là, et ce n'est pas le seul. — En entrant ici, je souffrais beaucoup — vous m'avez guéri — j'ai cessé de souffrir car je ne vous aime plus — la cure est merveilleuse et je ne tarderai guère à vous en témoigner ma reconnaissance...

— A bientôt, mademoiselle...

Et, après avoir prononcé cette tirade avec le calme le plus parfait, le jeune homme sortit de la loge.

Dans le couloir il ne rencontra personne — il passa devant le foyer sans y entrer — il traversa le théâtre sans s'arrêter — il gagna la *Galerie des Variétés*, puis la grande artère du Passage des Panoramas — il fendit la foule en coudoyant à droite et à gauche tous ceux qui se trouvaient sur son chemin, et il ne ralentit sa marche rapide que lorsqu'il se trouva sur l'asphalte du boulevard.

§

En prononçant ces paroles : — *Vous*

*m'avez guéri! j'ai cessé de souffrir, car je ne vous aime plus!* — Georges n'avait dit que la moitié de la vérité.

La brutale et impudente franchise de l'actrice avait en réalité tué l'amour dans le cœur de Georges — mais cet amour s'était enfui par une large blessure, et cette blessure restait saignante et douloureuse.

Mille pensées confuses et tourbillonnantes faisaient de la tête du jeune homme un véritable chaos, et, parmi ces pensées, une seule se détachait, distincte, celle de rendre le mal pour le mal et de prouver ainsi à la comédienne qu'en lui prophétisant qu'il serait bientôt dangereux, il n'avait pas menti.

Mais ce souhait si peu conforme aux

préceptes évangéliques, comment le réaliser?...

Se venger d'un homme est facile...

Mais, le moyen de se venger d'une femme et de ne point passer pour un lâche?...

Voilà ce que se demandait Georges, et, absorbé par cette question sans réponse, il allait tout droit devant lui, la tête nue, marchant toujours, et ne s'apercevant pas que la pluie tombait à flots, que ses pieds glissaient sur les trottoirs boueux et que les passants, bien abrités sous leurs parapluies, le regardait passer en souriant et murmuraient, en se retournant : — C'est un fou!...

Il suivit ainsi la ligne tout entière des

boulevards, depuis les Variétés jusqu'à la Bastille.

Là seulement il s'arrêta, et se frappant le front avec un geste de triomphe, il s'écria tout haut :

— J'ai trouvé!!...

Puis, comme il n'était guère moins ruisselant qu'après un bain pris tout habillé dans le Canal Saint-Martin, il entra dans le premier café venu afin de s'y sécher un peu.

Le maître de l'établissement condescendit à lui faire apporter par un garçon de service une serviette avec laquelle il épongea tant bien que mal ses vêtements.

Il demanda coup sur coup deux tasses

du café noir le plus fort, et, après avoir consommé l'absorption de ce douteux mélange de café et de chicorée, il prit place dans l'omnibus des boulevards et regagna son humble mansarde.

Rentré chez lui, il revêtit un costume moins humide que celui qu'il quittait — il alluma deux bougies qu'il plaça sur sa petite table de travail, et il se mit à écrire avec une incroyable verve.

Au bout de moins de vingt minutes, une grande feuille de papier était entièrement couverte d'une écriture fine et serrée.

Georges alors déposa sa plume, relut ce qu'il venait d'écrire, et, tandis que ses yeux couraient sur la copie, son visage offrait une expression de joie presque cruelle.

— C'est cela! — c'est bien cela! — murmura-t-il ensuite — un chef-d'œuvre!... — tout coup porte!... — chaque ligne frappe comme une poignée de verges!... — chaque mot cherche l'endroit vulnérable, le trouve et s'y glisse comme une pointe de stylet! — la raillerie emporte la pièce!... le sarcasme brûle et mord aussi bien que du vitriol!... — c'est cela!... c'est cela!

Après ce bref monologue, le journaliste prit une seconde feuille de papier, de la même dimension que la première, et sur cette feuille il traça lentement ving-cinq ou trente lignes d'une écriture lâchée et très grosse.

Ensuite, et comme un écolier qui veut se former la main, ou comme un faussaire qui s'exerce dans l'imitation d'une signature de commerce, il se mit à tracer une foule de petits hiéroglyphes se ressemblant tous à peu près et accompagnés de paraphes très compliqués.

Les premiers hiéroglyphes et leurs paraphes ne parurent satisfaire le jeune homme que d'une façon extrêmement médiocre, car il hochait la tête à chaque trait de plume, et il répétait entre ses dents :

— Hum !... hum !.. voilà qui va mal !...

Mais, peu à peu, sa main acquit une souplesse et une habileté merveilleuses —

la plume n'hésitait plus en traçant les contours irréguliers du hiéroglyphe et les pleins et les déliés du paraphe offraient une netteté et une correction victorieuses.

Georges, alors, souriait à son œuvre et recommençait toujours. — Enfin un moment arriva où, sans doute, il se dit qu'il avait atteint toute la perfection désirable.

Il déboucha une petite fiole d'encre rouge — il reprit la première feuille de papier, couverte d'une écriture fine et serrée, et, au sommet de cette feuille, il reproduisit d'une main sûre, en caractères couleur de sang, l'indéchiffrable petit signe qu'il avait étudié si longtemps, et le mystérieux paraphe qui l'accompagnait.

— Le diable est pour moi! — s'écria-t-il en se frottant joyeusement les mains — maintenant je suis sûr de mon affaire et Saint-Sylvain lui-même n'y verrait que du feu!...

## IX

**Un mauvais numéro.**

Disons tout de suite, pour l'intelligence de ce qui va suivre, que *le Lucifer* était loin d'être assez riche pour avoir, comme certains journaux, un atelier de composition attenant à ses travaux, et des typographes spécialement attachés à son service.

Le *Lucifer* s'imprimait au faubourg Saint-Germain, non loin du Luxembourg.

Chaque après-midi, vers quatre heures, un petit apprenti du nom de Josquin venait chercher la copie du numéro qui devait paraître le lendemain matin.

Cette copie était remise en masse par le rédacteur en chef, et enfermée par lui dans un carton destiné *ad-hoc*, et que l'apprenti emportait.

En tête de chaque article, M. de Saint-Sylvain traçait à l'encre rouge ses initiales et son paraphe. — On ne composait, à l'imprimerie, que sur le vu de cette espèce de *bon à tirer*.

Vers dix heures on apportait au rédacteur en chef les épreuves des articles *très importants*, signés de lui — mais ce cas était rare.

Habituellement, le correcteur de l'imprimerie se chargeait de la révision de toutes les épreuves, et, comme ce travail lui était faiblement payé, il le faisait en conséquence.

Les bévues typographiques dont fourmillait le petit journal jouissaient d'une notoriété proverbiale.

C'est *le Lucifer* qui, dans un article consacré à la *Lucrèce* de Ponsard et qui devait contenir cette phrase :

« Un essaim de femmes, jeunes et jo-
» lies, remplissaient les loges de l'Odéon,
» savouraient la pièce de Ponsard et se
» pâmaient d'ivresse à chaque vers... »

Imprima en toutes lettres :

« Un essaim de femmes *jaunes* et *rôties*,
» remplissaient les *poches* de l'Odéon, sa-
» vouraient *la pièce de pomard*, et se pâ-
» maient d'ivresse à chaque *verre*... »

Textuel !

§.

A l'heure habituelle, c'est-à-dire vers trois heures, Georges arriva au journal.

Par extraordinaire, le rédacteur en chef était seul et il semblait de fort méchante humeur.

— Apportez-vous de la copie ? — s'écria-t-il en voyant entrer le jeune homme — la copie manque !... — Comprenez-vous ces petits crétins qui semblent s'être donné le mot pour ne rien faire aujourd'hui !... — Viendront-ils seulement, ces idiots !.... — — Je vais flanquer toute la rédaction à la porte.... en masse !..... — nous ferons le journal à nous deux !... — Voyons, avez-vous de la copie ?...

— Très peu de chose, — répondit Georges.

— Mais enfin, quoi ?

— Vingt-cinq ou trente lignes sur la pièce nouvelle des Variétés...

— Vingt-cinq ou trente lignes ! — une belle poussée !... — Enfin, donnez toujours...

Georges présenta à M. de Saint-Sylvain l'un des deux articles écrits par lui la veille au soir — article vierge de toute encre rouge.

Le rédacteur en chef parcourut cette feuille du regard, mit en tête ses initiales et son paraphe et reprit :

— Voyons, asseyez-vous et écrivez quatre ou cinq nouvelles à la main sur n'importe quoi — tâcher d'accoucher d'une centaine de lignes ! — exceptionnellement je vous permets d'être diffus !...
— Le numéro de demain sera exécrable !...
— Ah ! les gredins ! — ah ! les crétins !.....
— ils me le paieront ! tenez-le pour certain !...

Georges se mit à la besogne, et, pour nous servir de l'expression employée par M. de Saint-Sylvain lui-même, il *accoucha* très facilement d'une assez grande quantité de lignes fort insignifiantes.

— C'est fait, — dit-il quand il eut achevé.

— Lisez-moi ça.

Georges obéit.

— Médiocre ! médiocre ! médiocre ! — répéta sur trois tons le rédacteur en chef après audition — enfin, puisqu'il le faut, ça passera !... — mais quel fichu numéro !... — et vous n'avez pas autre chose dans le ventre ?... — voyons, encore cinquante lignes, que diable !...

— Je ne demanderais pas mieux — répondit le jeune homme — mais...

— Mais, quoi ?

— Le temps me manque.

— Qu'est-ce que vous avez donc à faire ?

— J'ai un rendez-vous à quatre heures.

— Un rendez-vous !... quelqu'histoire de femme !...... et c'est pour ça que vous laissez le journal en plan !... — Ah ! jeune homme, jeune homme, les femmes vous perdront !.... — Vous autres petits journalistes sans barbe, vous êtes des sultans de coulisses !... vous jetez le mouchoir à ces dames ! — faites l'amour, eh ! - mon Dieu, je n'y vois pas d'obstacles, mais ne négligez pas le journal pour ça ! — l'amour ne mène à rien, tandisque le journalisme mène à tout !

Georges sourit malgré lui.

M. de Saint-Sylvain poursuivit :

— Le bruit public affirme que vous êtes l'amant de mademoiselle \*\*\* des Variétés, les petits crétins en parlaient hier ici.

— Ces messieurs se trompaient.

— Laissez-moi donc tranquille !... — La discrétion, en pareil cas, est ridicule !..., — Est-ce qu'une actrice oserait éconduire un journaliste !... — Allons donc !..., — j'en sais quelque chose, moi qui fais des journaux depuis quarante ans !..... — ce n'est pas à moi qu'il faut compter des bourdes pareilles !...

Georges s'était levé et avait pris son chapeau.

— Décidément — demanda le rédacteur en chef — vous partez ?...

— Il le faut bien — on m'attend...

— Alors, bon voyage et bonne chance. — Ah ! quel numéro !... quel numéro !... — Ces crétins ne le porteront point en paradis ! — si vous les rencontrez avant moi, vous pouvez le leur dire de ma part !...

Georges sortit — laissant M. de Saint-Sylvain se livrer tout seul et à son aise à son mécontentement furibond.

Le jeune homme alluma un cigarre et se mit à se promener de long en large sur le trottoir, à cinquante pas environ de la maison du journal.

Il examinait les allants et les venants, et, très évidemment, il guettait quelque chose ou quelqu'un.

Enfin il vit venir de loin celui qu'il attendait, et qui n'était autre que Josquin, le petit compositeur d'imprimerie, muni de son grand carton et s'en allant chercher la copie au bureau du *Lucifer*.

Josquin connaissait tous les rédacteurs du journal.

En passant à côté de Georges il ôta le

bonnet de police fabriqué en papier qui lui tenait lieu de casquette, et il salua de cet air sournois et gouailleur particulier au gamin de Paris en général et au *singe* d'imprimerie en particulier.

Le mot *singe* que nous venons d'employer fait partie de l'argot des ouvriers typographes et leur sert à désigner les apprentis — du moins il en était ainsi autrefois, et nous ne supposons pas que l'usage ait changé.

Georges laissa passer Josquin sans lui parler et, après l'avoir vu disparaître sous la porte cochère, il remonta rapidement la rue jusqu'au boulevard, — là, il recommença sa flanerie.

Au bout de dix ou douze minutes l'apprenti reparut. — il avait enfoncé son bonnet de papier sur l'oreille droite, à la *tapageuse*, — il marchait vite et il s'arrêtait de temps en temps pour ébaucher sur le trottoir un ou deux pas de *cancan*, tout en sifflotant un air de Musard.

Georges s'effaça derrière une colonne-affiche afin de n'être pas vu — puis il suivit le jeune garçon qui traversait le boulevard et il le rejoignit au moment où il s'engageait dans la rue Montmartre.

— Bonjour, Josquin — lui dit-il en lui frappant sur l'épaule.

Josquin se retourna vivement.

— Tiens! c'est vous m'sieu Georges! — répliqua-t-il en riant — c'est donc une chance que nous avons de nous rencontrer aujourd'hui! — deux fois en cinq minutes ! en v'là d'l'hasard !... — ça va bien, m'sieu Georges ?...

— Merci Josquin — et où allez-vous comme ça ?

— A l'imprimerie, donc ! — et je dis que du Faubourg-Montmartre à la rue de Vaugirard la trotte est assez soignée !...

— Emportez-vous beaucoup de copie ?...

— Pas déjà tant ! — m'sieu Saint-Sylvain a dit comme ça, que je dise au correcteur qu'il m'avait dit de lui dire que si la copie était trop maigre, il n'avait qu'à couper des *faits divers* dans n'importe quel journal et que ça ne faisait rien, attendu que le numéro était bigrement mal *fichu*... — ce n'est pas *fichu*, qu'il a dit, mais je dis *fichu*, moi, révérence-parler, parce que vous êtes un rédacteur, m'sieu Georges, et que je vous dois le respect...

Le journaliste se mit à rire.

— Josquin — demanda-t-il — quel âge avez-vous, mon garçon ?

— Quatorze ans et dix-sept jours — ah ! j'suis z'un homme ! !... faudrait pas m'appeller *moutard* ! ah ! dam ! non !... ça chaufferait dur !... — j'm'alignerais, foi d'Josquin !... — j' tire la savate comme père et mère...

— Alors, puisque vous êtes un homme, vous devez fumer Josquin ?

— Tiens donc !... si j' fume ?... — j' fumais déjà en nourrice...

Et l'apprenti chanta à tue-tête :

<blockquote>
Vive le vin, l'amour et le tabac!...<br>
Veilllà, voilllà, voilllà le refrain du bivac!...
</blockquote>

— Voulez-vous un cigarre?...

— Eh! tout d' même donc!... ça n'est pas de refus ça, un cigarre!... entre citoillliens frrrançais — d'autant qu' vous d'vez fumer des cigarres un peu *chouettos*, vous, m'sieu Georges, qu'êtes un grand auteur et qui faites des vaudevilles pour les théâtres! — j' vous ai joliment claqué, allez, à la première de vot' vaudeville aux Variétés! — c'était-y beau!... cré coquin!... — j'y suis-z-été à la première, avec un billet d'amphithéâtre que m'avait donné le correcteur...

Georges tira de sa poche un cigarre et le tendit à Josquin qui s'écria :

— Ah! pristi!... en v'là un d' cigarre!... — c'est un *tapanellas*, ça, pour le moins!!... — vous n'auriez pas du feu, par hasard, m'sieu Georges, sans vous commander ?...

— Non — mais entrons dans ce café pour nous allumer — vous accepterez bien un petit verre, Josquin ?

— Ça serait-z-avec plaisir, m'sieu Georges, mais ça ne se peut, vu qu'ils attendent la copie, eux autres, là-bas... et qu'ils diraient que j'ai flâné...

— Ah ! bah ! je vais justement du côté de l'Odéon et je compte prendre un cabriolet — je vous mènerai jusqu'à la porte de l'imprimerie — ça vous fera rattraper le temps perdu...

— Arriver en voiture ! — s'écria l'apprenti — cré chien !... plus que ça de chic !!... — ça me va... — allons-y gaîment !...

Les deux interlocuteurs se trouvaient en ce moment à la porte d'un petit café borgne, voisin du passage du Saumon.

— Voici notre affaire — dit Georges.

Et il entra avec Josquin.

# X

**L'article.**

— Ah! sapristi, m'sieu Georges — fit l'apprenti en savourant à petites gorgées et d'un air connaisseur l'eau-de-vie contenue dans son verre, vous êtes un joliment bon enfant, vous, et bien poli, et

pas fier, et tout!... aussi, voyez-vous, j'
vous chéris, parole d'honneur et foi de
Josquin!!...

— Vrai? — demanda Georges en riant.

— Puisque c'est juré, c'est comme si
tous les notaires y avaient passé!... —
quand je pense que je suis-là à trinquer
avec vous tout sans façon, et que cependant vous avez tant d'esprit que vous faites des pièces qu'on joue, je n'en reviens
pas!... — car, pour de l'esprit, vous en
avez — chacun sait ça! — tenez, *le Lucifer*, voilà un journal que je trouve bête...
— je le lis tous les matins, eh! bien, aussi
vrai que je passerai compositeur dans
deux ans, il n'y a que vos articles qui
m'amusent... ah! sont-ils drôles!... je les
reconnaîtrais entre trois cents! — n'y a

que vous d'abord pour leur donner un petit coup de fion, que ça vous saute aux yeux que c'est de l'esprit !... — ah ! bigre ! v'là du vieux cognac qui n'est point piqué des-z-hannetons !... — à la vôtre, m'sieu Georges !...

Et Josquin vida son verre que Georges remplit aussitôt.

Puis le journaliste se prit à dire de l'air du monde le plus dégagé :

— Puisque vous aimez mes articles, vous serez servi à souhait demain matin — le numéro de ce soir est presque entièrement de moi...

— Sans blague, m'sieu Georges ?

— Mais certainement.

— Pourquoi donc alors que le vieux Saint-Sylvain dit comme ça que le numéro est mal fichu?

— Vous savez qu'il n'est pas complimenteur...

— Fichtre non! — mais je réponds que, si l'journal est de vous ce soir, il doit être fièrement tapé!...

— J'ai pour le moins deux cent cinquante lignes...

— Tant que ça?...

— Et peut-être plus. — D'ailleurs il est facile de s'en rendre compte — donnez-moi un peu la copie que je compte mes lignes...

Josquin ouvrit son portefeuille et étala

tous les articles sur la petite table du café.

Georges déploya ses articles — parut s'absorber dans un travail de calcul, et, profitant d'un moment où l'attention de l'apprenti était attirée ailleurs, il opéra prestement l'échange de l'article *théâtre* remis par lui au rédacteur en chef, contre celui, quatre ou cinq fois plus long, qu'il avait écrit la veille au soir et revêtu des fausses initiales et des faux paraphes de M. de Saint-Sylvain.

Ce petit tour de passe passe — très facile du reste — fut accompli avec une habileté irréprochable.

Georges remit la copie dans le portefeuille.

— Eh! bien, m'sieu Georges — demanda Josquin — combien de lignes?

— Cela ira à près de trois cents.

— Vive la Charte! — le vieux a beau dire, les abonnés seront contents!!...

Georges avait réussi dans sa tentative — rien ne le retenait plus au café — il arrêta un cabriolet qui passait à vide — il y monta avec l'apprenti et donna l'adresse de l'imprimerie.

— Trouverais-je M. Jalloux maintenant? — demanda-t-il à Josquin en descendant de voiture.

M. Jalloux était le correcteur chargé de revoir les épreuves du journal.

— Ça se pourrait bien tout d'même —

répondit Josquin — nous ne sommes pas encore à l'heure où il va dîner...

— Alors, je monte.

Le journaliste monta en effet jusqu'au cabinet vitré où trônait le correcteur et qui dominait l'imprimerie.

Georges et M. Jalloux se connaissaient un peu.

— Par quel hasard dans ce quartier ? — fit le correcteur en tendant la main au jeune homme...

— Des affaires — répliqua Georges — et j'ai voulu vous dire un petit bonjour.

— Vous êtes un garçon charmant !

— J'accepte le compliment, mais à une condition...

— Laquelle ?

— Avez-vous dîné ?

— Non — pourquoi ?

— Parce que je vous enlève et je vous offre, chez Dagneau ou chez Pinson, un modeste filet au madère — avec un fragment de homard et une bouteille de n'importe quoi... — Est-ce dit ?

— La bonne volonté ne me manque certes pas — mais j'ai peur, que de dîner avec vous, ça ne m'entraîne un peu trop loin...

— Comment l'entendez-vous ?

— J'entends qu'en bavardant on s'oublie — le temps passe — et j'ai le journal à corriger avant la mise en pages...

— Laissez-moi donc tranquille avec le journal — il est tout entier de moi, aujourd'hui — je reviendrai ici après dîner — je corrigerai moi-même mes épreuves et vous n'aurez pas une demi-heure de travail à faire sur les autres...

— Vous en êtes bien sûr ?

— Parbleu !

— Alors, va comme il est dit, et vive le filet sauté de l'amitié et le homard de la symphathie ! — Je passe mon paletot et je suis à vous...

Les deux jeunes gens s'acheminèrent ensemble vers la rue de l'Ancienne-Comédie où se trouve situé le temple culinaire du classique Dagneau, si connu de l'École de Droit et des dames aux camélias du quartier latin.

Le dîner fut long et délicat et Georges

fit déguster au correcteur toute une série de vins choisis et généreux.

Vers neuf heures M. Jalloux n'était pas précisément ivre, mais nous doutons fort qu'il lui eut été possible de bien distinguer en ce moment une *italique* d'une *capitale*.

— Le journal nous attend — dit Georges après avoir soldé l'addition en or — retournons à l'imprimerie.

Et ils se mirent en marche — le journaliste soutenant le correcteur qui décrivait, malgré son aide, de notables festons.

Les épreuves du *Lucifer* attendaient depuis longtemps.

Josquin montait la garde auprès d'elles.

— Dites-donc, m'sieu Georges — s'ecria-t-il — en v'la une farce, et une bonne!...

— Qu'y a-t-il donc?

— M'sieu Saint-Sylvain, depuis quarante ans qu'il fait des journaux, comme il dit, il peut se vanter tout de même de n'avoir pas le compas dans l'œil...

— A quel propos cela, Josquin?

— Rapport à la copie... — il disait, m'sieu Saint-Sylvain, qu'elle manquerait, la copie, et qu'il faudrait peut-être bien couper des *faits divers* n'importe où... — Va t'en voir s'ils viennent, Jean!... — il y en a tant, de copie, il y en a tant, que le metteur en pages dit, comme ça, qu'il faudra laisser une de vos *nouvelles à la main* pour le numéro de demain soir...

celui d'aujourd'hui ne tiendrait pas tout...
Ah! dam! c'est qu'aussi vous avez un article si long, si long, qu'au *Lucifer* on n'en a jamais vu de pareil!... les compositeurs n'en revenaient pas!... — c'est celui-là qui doit être drôle et beau!... — ah! j'vas-t'y rire, demain matin, j'vas-t'y rire en le lisant... — je le lirai avec mon pain, ça me vaudra un cervelas!...

Georges se tourna, non sans quelque inquiétude, du côté de M. Jalloux.

Aussitôt assis, l'honorable correcteur s'était endormi d'un profond sommeil — il n'avait point entendu un mot du bavardage de Josquin et il ronflait de tout son cœur.

— *Le diable est pour moi!!..* — avait dit

Georges la veille au soir. — *Le diable est pour moi !* — répéta-t-il.

Et il se mit à corriger ce formidable article qui ne remplissait pas moins de cinq colonnes du journal — chose absolument inouïe dans les fastes du *Lucifer !*...

Cette besogne achevée, il revit successivement les autres épreuves — il réveilla à demi M. Jalloux pour lui faire signer d'une main endormie les *bons à tirer* en tête des *placards* — et Josquin porta le tout au metteur en pages.

Georges ne quitta l'imprimerie que quand le journal fut sous presse — il prit le premier numéro qui sortit, tout humide des baisers de la machine — il plia ce numéro, le mit dans sa poche — alla chercher M. Jalloux qu'il emmena, ou plutôt qu'il traîna avec lui jusqu'à la rue Coquenard où ce correcteur avait son domicile.

Sûr, désormais, que rien ne pouvait plus venir entraver des plans si savamment combinés et si habilement conduits à exécution, Georges acheta, chez un épicier grognon qui fermait sa boutique, une livre de bougies, et il remonta dans son galetas.

Il mit des bougies neuves dans ses flambeaux — il en plaça dans des goulots de bouteilles vides — il les alluma toutes et il les rangea en demi-cercle sur sa petite table.

Sous les lueurs de ce somptueux éclairage qui formait avec la nudité de la mansarde le contraste le plus bizarre, Georges déploya le numéro du journal du lendemain et il se mit à lire tout haut, d'une voix accentuée et vibrante, ce long article, cet article mystérieux, pour l'insertion duquel il avait mis en œuvre, depuis la veille, toute la rouerie d'un Machiavel et toute les ruses d'un Mohican.

Qu'était-ce donc que cet article !...

Oh ! mon Dieu, une simple *revue dramatique* — une *étude* de mœurs artistiques et théâtrales.

Georges passait en revue les pièces nouvelles du théâtre des Variétés — les principaux rôles de ces pièces et les artistes chargés d'interpréter ces rôles.

Avons-nous besoin d'ajouter que, dans cette petite galerie, mademoiselle*** occupait la première place.

Une femme célèbre du siècle dernier — (nous croyons, mais sans pouvoir l'affirmer que cette femme était mademoiselle Delaunay, plus tard madame de Staal) — disait, à propos de ses mémoires et dans une intention facile à deviner, qu'elle ne s'était peinte *qu'en buste.*

Ce mot charmant n'aurait pu s'appliquer au portrait de mademoiselle***, tracé par la plume du journaliste — ce portrait, physique et moral, était *en pied*, bien et complétement *en pied*.

L'article entier pouvait et devait être regardé comme un chef-d'œuvre d'esprit cruel et de flagellation impitoyable. — Pour nous servir d'une expression usitée dans le journalisme, Georges y *démolissait* la comédienne avec une incroyable verve, avec une habileté diabolique. — il *l'entreprenait* à un double point de vue, et comme jolie femme et comme actrice de talent — il trouvait moyen de contester d'une façon en apparence victorieuse son incontestable beauté — certains détails, imparfaits mais presque invisibles, vus au microscope de sa dévorante satyre, prenaient une importance capitale. — Ainsi, les oreilles de mademoiselle *** n'étaient pas d'un dessin bien pûr et péchaient par trop de largeur — à cette charmante tête Georges attachait des oreilles d'ane — ce qui lui fournissait encore un autre trait mordant, par la comparaison avec le roi Midas qui changeait tout en or, et le journaliste montrait l'actrice, touchant du doigt le petit dieu Amour se métamorphosant soudain, entre ses mains, en une lourde pile de pièces d'or.

Après avoir ainsi mordu la beauté de la comédienne, comme une guêpe qui laisse dans une pêche veloutée son aiguillon venimeux, le journaliste arrivait à l'analyse et à l'appréciation du talent de mademoiselle ***.

Ici sa tâche devenait plus aisée et sa plume railleuse écrivait, en se jouant, avec du poison délayé dans de l'eau de rose.

Nous avons entendu Georges s'écrier, la veille au soir, après avoir tracé la dernière lettre du dernier mot :

— C'est cela ! c'est bien cela !... — tout coup porte ! — chaque ligne frappe comme une poignée de verges !... — chaque mot cherche l'endroit sensible, le trouve et s'y glisse comme une pointe de stylet !... — la moquerie emporte la pièce !... — le sarcasme brûle et mord aussi bien que du vitriol !... — c'est cela !... c'est cela !...

En parlant ainsi, Georges était dans le vrai — Georges ne s'exagérait point la portée de son article — de la seconde partie de cet article surtout.

Au public dont il bafouait le sot engouement, le journaliste montrait la comédienne telle qu'elle était, c'est-à-dire manquant d'une façon absolue de conscience, de travail, d'amour de l'art, et même de la plus vulgaire intelligence dramatique.

Il réduisait à ses proportions réelles un talent plus que contestable et qui n'existait que grâce au piédestal de la réclame payée, sur lequel il se juchait impudemment.

Il énumérait tous les rôles que mademoiselle*** avait mal compris et mal interprétés, et qu'elle aurait plus d'une fois compromis sans les bravos mercenaires d'une armée de claqueurs toujours à sa solde.

Il montrait enfin l'actrice, courtisane et femme entretenue avant tout — n'hésitant jamais à sacrifier le théâtre aux caprices de sa galanterie vénale — regardant les planches de la scène comme l'antichambre de son alcôve — se moquant sans cesse du public et faisant sans scrupule ajourner ou interrompre quelque spectacle attendu, pour pouvoir aller parader aux courses de Chantilly ou dans une avant-scène bien en vue pour une première représentation.

Et pas une seule des accusations de ce formidable réquisitoire n'admettait l'ombre d'une réplique — et tout cela était écrit d'un style nerveux, incisif, flamboyant ; — l'esprit éclatait à chaque ligne — c'était brûlant et éblouissant comme le bouquet d'un feu d'artifice.

Ajoutons que, par un miracle d'adresse,

Georges avait su côtoyer, sans l'aborder, le plus dangereux de tous les écueils.

On ne pouvait reprocher au journaliste de jouer le rôle odieux de l'homme qui se venge d'une femme ; — l'article exhalait un parfum de franchise joyeuse et de gaîté gauloise ; — les coups de couteau étaient donnés d'un air de bonne humeur — pas un mot ne frisait l'injure ou la diffamation, les bornes d'une critique loyale ne semblaient point dépassées.

Comment cela pouvait-il se faire ?

Nous ne le comprenons vraiment guère ; — le fait existe ; — nous devons nous borner à le constater.

Bref — une fois de plus nous l'affirmons — l'article était un chef-d'œuvre.

Georges le relut à haute voix à la clarté de son illumination solitaire — puis il éteignit l'une après l'autre toutes ses bougies, n'en conserva qu'une seule qu'il plaça, avec le numéro du journal, sur la table de nuit, auprès de son lit.

Il se coucha ensuite et sa fiévreuse surexcitation ne lui permit guère de s'endormir avant quatre ou cinq heures du matin.

## XI

**Bourrasque et coup de soleil.**

Peut-être le sommeil du journaliste se serait-il indéfiniment prolongé, — car il était dix heures du matin, — un rayon de soleil égaré traversait les petits carreaux de l'étroite fenêtre et venait se poser sur les pieds du lit, et le dormeur ne s'éveillait pas, et un léger sourire entr'ouvrant ses lèvres semblait annoncer qu'un rêve agréable était en train de le visiter.

Soudain il bondit sur sa maigre couchette et se frotta vivement les yeux de ses deux poings fermés.

Un coup sec et rude, immédiatement suivi de plusieurs autres non moins accentués, venait d'être frappé contre la porte de la mansarde.

Quatre-vingt-dix-neuf jeunes gens sur cent, à la place de Georges, auraient deviné ou cru deviner la brusque apparition d'un créancier mécontent, et se seraient tenu cois en s'efforçant de se rendormir.

Mais le jeune Breton ne devait rien à personne.

Ce fut donc sans la moindre inquiétude du genre de celle que nous venons de signaler qu'il demanda :

— Qui est là?

Au lieu de répondre, une voix colérique et entrecoupée interrogea.

— M. Georges de Coësnon est-il ici ? — fit cette voix.

— Oui.

— Alors, ouvrez !

— Mais, encore une fois, qui est là ?

— Moi.

— Qui ça, vous?

— Tonnerre du diable !..... voulez-vous ouvrir ?... c'est moi !... moi !... Saint-Sylvain !...

Le journaliste ne s'attendait pas à cette

visite, dont le motif était d'ailleurs facile à deviner.

Pendant une seconde, ses sourcils se froncèrent.

Mais, presque aussitôt, le sourire revint à ses lèvres, et il répliqua :

— Ah ! c'est vous, mon cher rédacteur en chef..... — pardon de vous faire attendre... je suis à vous à l'instant même... je passe un pantalon...

Et, en effet — après avoir revêtu le vêtement indispensable que les prudes Anglaises ne peuvent entendre nommer sans rougir — il alla tirer le verrou de la porte, qui s'ouvrit

M. de Saint-Sylvain fit irruption comme une bombe.

Un grand désordre se manifestait dans sa toilette et dans ses allures.

L'ascension des six étages l'avait oppressé notablement.

Sa cravate blanche était nouée de façon incorrecte.

Son paletot gris se boutonnait de travers.

Ses moustaches ébouriffées décrivaient des courbes irrégulières sur son visage, plus pâle qu'à l'ordinaire.

Enfin, symptôme caractéristique d'un grand cataclysme moral, il ne portait point sous son bras gauche son portefeuille de ministre.

En revanche, il serrait dans sa main droite et broyait en quelque sorte un journal tout déchiré.

De ses petits yeux vifs s'échappaient des étincelles pareilles à celles qui jaillissent de la fourrure d'un chat noir qu'on caresse à rebrousse-poil.

Il s'arrêta au milieu de la chambre, muet, terrible, foudroyant — presque pareil, pour la solennité de la pose, à une statue de *Jupiter Vengeur*, habillé de drap gris.

— Eh! bonjour donc, mon cher rédacteur en chef!... — s'écria Georges d'un air radieux; — à quelle chance trois fois heureuse dois-je attribuer l'honneur de votre visite inattendue?... — Permettez-moi de vous faire les honneurs de mon humble logis... — Ça n'est pas beau, comme vous voyez... mais tenez pour certain que je voudrais posséder un Louvre afin de vous y recevoir.

Et Georges avançait à M. de Saint-Sylvain l'unique fauteuil, notablement boiteux, qui se trouvât dans la mansarde.

Le vieux journaliste, occupé qu'il était à rendre à ses larges poumons la provision d'air respirable dont ils avaient besoin, n'avait point interrompu le jeune homme.

Quand ce dernier eut achevé, le rédacteur en chef s'écria d'une voix formidable :

— Vous moquez-vous de moi, monsieur ?

— Ah ! par exemple — répondit Georges — voilà qui est un peu fort !... — me moquer de vous, monsieur, et à quel propos. grand Dieu ?

D'un mouvement rapide et saccadé comme celui d'un épileptique M. de Saint-Sylvain déploya le journal qu'il pétrissait dans sa main droite et qui se déchira en deux morceaux.

Il mit ce double fragment sous les yeux du jeune homme en beuglant (car l'expression *crier* n'est plus assez forte) :

— Qu'est-ce que c'est que ça, monsieur?

— Ça ?

— Oui, ça ?...

— Mais c'est *le Lucifer* — le numéro de ce matin — et, même, en un piteux état !...

Le doigt tremblant de rage de M. de Saint-Sylvain désigna l'entête d'une colonne.

Puis, toujours du même ton, le rédacteur en chef répéta :

— Qu'est-ce que c'est que ça, monsieur ?...

— Ça ?

— Oui, ça !

— Mais c'est un article théâtral.

— Et, de qui est-il, cet article ?

— De moi, monsieur.

— Ah ! de vous !...

— Mais, sans doute...

— Ah ! il est de vous !... et vous l'avouez ?

— Pourquoi ne l'avourais-je pas ?... — d'ailleurs il est signé en toutes lettres...

— Et, d'où vient que cet article, que je ne connaissais pas, ait passé dans le journal ? — me direz-vous cela, monsieur ?...

— Parfaitement.

— Dites-le donc !...

— J'ai porté la copie moi-même à l'imprimerie, monsieur...

— Et, pour tromper les compositeurs, vous avez imité mon paraphe sur votre copie, monsieur ?...

— Oui, monsieur.

— Et vous avez grisé le correcteur, monsieur ?

— Oui, monsieur.

— Et vous en convenez ?...

— J'avoue toujours tout ce que je fais, monsieur.

— A merveille !.... — un faux et une subornation !... — à merveille !... — voilà un joli sujet !... — et j'ai réchauffé ce serpent !... et je lui ai mis une plume à la main !... une plume d'oie... à ce reptile !... — mais les choses ne s'arrêteront pas là, monsieur!... je vous mènerai loin, monsieur!...

— Où il vous plaira, monsieur... — répondit Georges avec le plus grand calme.

— Je vous mènerai en cour d'assises, monsieur!... et vous serez condamné à trente ans de galères, monsieur!...

— Nous verrons cela, monsieur.

— Oui, monsieur, nous le verrons, et bientôt!... — dès aujourd'hui je porte plainte contre vous, monsieur!...

— Faites, monsieur.

— Il y a quarante ans que je suis dans le journalisme, monsieur, et je n'ai jamais rien vu de pareil!... — abuser à ce point de ma confiance!... — glisser subrepticement dans *le Lucifer* une effroyable diffamation, un pamphlet!... car c'est un pamphlet, monsieur!... et contre qui? — contre une honorable artiste, notre abonnée, notre fidèle abonnée!... — quelle horreur! non seulement l'abonnement de mademoiselle*** est flambé, mais nous allons en perdre bien d'autres !... — ce sera dans les théâtres de Paris un désabonnement général!... — Comment voulez-vous que les artistes nous restent quand ils verront que chez nous on paie pour être *éreinté!*... — Ah! ça, mais, monsieur, c'est donc un complot organisé par vous contre le journal?... — Vous voulez donc tuer *le Lucifer?* — le Lucifer qui vous a nourri!... — vous avez donc juré de l'anéantir?...

— En aucune façon, monsieur.

— Enfin, pour écrire cet infâme article, vous avez eu un motif?

— Sans doute, monsieur.

— Et, lequel, monsieur? lequel?...

— Celui de faire, une fois par hasard, de la bonne critique, et de dire la vérité...

M. de Saint-Sylvain éleva ses yeux et ses mains vers le plafond et il reprit, mais d'une voix enrouée, car il avait crié si fort depuis quelques minutes que son organe perdait l'une après l'autre ses notes sonores :

— Dérision !.... il appelle cela de la *bonne critique !...* — Mais, monsieur, de la bonne critique est celle qui rapporte des abonnements !... — il parle de la *vérité !....* — mais, monsieur, toute vérité n'est pas bonne à dire !... — d'ailleurs, monsieur, votre article est faux et calomnieux d'un bout à l'autre...

— Prouvez-le moi, monsieur, s'il vous plaît.

— Je n'ai pas besoin de vous le prouver, monsieur — c'est lumineux comme la lumière !..... — mademoiselle*** est une personne du plus grand talent !...

— Ce n'est pas mon avis.

— Votre avis !... — je m'en soucie bien, ma foi, de votre avis !... — Est-ce qu'un journaliste doit se permettre d'avoir une autre opinion que celle de son rédacteur en chef?... — Où allons-nous, grand Dieu! où allons-nous?... — Vous ne faites plus partie de la rédaction du *Lucifer*, monsieur !...

— C'est une chose entendue, monsieur.

— Et je cours rédiger ma plainte — et

aujourd'hui, aujourd'hui même, cette plainte sera déposée de ma propre main au parquet du procureur du roi — et vous entendrez parler de moi, monsieur Georges de Coësnon !...

— Ce sera toujours avec le plus grand plaisir, monsieur de Saint-Sylvain !...

— Nous verrons, monsieur, nous verrons !...

Et le rédacteur en chef, plus furieux, plus écumant que jamais, mais atteint d'une extinction de voix à peu près complète, sortit de la mansarde dont il referma violemment la porte derrière lui.

Georges, resté seul, se mit à réfléchir et non pas sans quelqu'inquiétude, aux suites possibles de son coup de tête.

D'abord il se trouvait privé des moyens

d'existence que lui offrait sa collaboration au journal et sans autre ressource que les cent ou cent cinquante francs qui lui restaient encore sur les droits d'auteur de son vaudeville. — Mais ceci le tourmentait peu. — Il ferait une autre pièce, pensait-il, et tout serait dit.

Ce qui lui semblait beaucoup plus grave, c'était la plainte probable de M. de Saint-Sylvain.

Le vieux rédacteur en chef avait parlé de *faux* et de *subornation*, et ces grands mots résonnaient encore d'une manière fâcheuse à l'oreille de Georges.

Il déplorait son imprudence de n'avoir pas anéanti la veille au soir, à l'imprimerie, le feuillet de copie sur lequel il avait imité à l'encre rouge les initiales et le paraphe de M. de Saint-Sylvain — toute preuve palpable du délit aurait été anéantie en même temps.

Mais il était trop tard ! — le feuillet accusateur se trouvait maintenant au pouvoir de l'homme qui pouvait s'en servir contre lui.

Très inquiet, très soucieux, très préoccupé, Georges s'habilla et sortit de chez lui, ne sachant où aller pour tuer le temps et pour passer sa journée.

Après une longue flânerie sans but, il entra dans un café du boulevard.

Trois ou quatre jeunes gens que Georges connaissait de vue et qu'il savait être des auteurs dramatiques, étaient assis à une des tables et causaient chaudement.

L'un d'eux tenait le numéro du *Lucifer*.

Georges prêta l'oreille. — Il était question de son article.

Les vaudevillistes le portaient aux nues avec les expressions de la louange la plus hyperbolique, et n'hésitaient pas à le proclamer comparable, sinon supérieur; aux meilleurs pamphlets de Paul-Louis Courrier.

— Qui pouvait s'attendre à trouver ce chef-d'œuvre au milieu des inepties habituelles du *Lucifer?* — s'écriait un de ces enthousiastes — quel style! — quelle verdeur! — quelle expression!... — Beaumarchais et Rivarol n'auraient pas mieux dit!... — L'auteur de l'article est un garçon d'un immense talent — il sera, quand ça lui plaira, le premier et le seul critique de de notre époque!... — je voudrais, parole d'honneur, le connaître et lui serrer la main !...

— Le voici tout prêt à serrer la vôtre, monsieur.... — dit alors Georges enivré de joie et d'orgueil, en quittant sa place pour se rapprocher des jeunes gens.

Comment il fut accueilli par eux, nous n'avons pas besoin de le dire. — Ces messieurs lui firent une véritable ovation et lui demandèrent, à titre de faveur spéciale, de venir dîner avec eux au café Vachette...

Georges ne se fit pas prier.

Avant la fin du repas il avait fait rire aux larmes ses nouveaux amis, en leur racontant d'une façon comique sa scène du matin avec le vieux rédacteur en chef, et il se trouvait engagé dans une quadruple colloboration pour quatre théâtres différents.

Après la bourrasque, un rayon de soleil se montrait dans le ciel de Georges !...

## XII

**Une position qui se dessine.**

Au moment où le jeune homme rentrait chez lui, vers minuit, son portier lui remit deux lettres à son adresse qui avaient été apportées dans la journée.

La correspondance de Georges à Paris,

on le comprend, était très restreinte, et tout en montant l'escalier il se demandait qui avait pu lui écrire.

— Pourvu que ce ne soient pas de mauvaises nouvelles!... — pensait-il; — le procureur du roi m'appellerait-il au parquet, si vite?...

Aussitôt qu'il eut allumé sa bougie, il regarda les deux épitres.

L'une était large et carrée — l'autre étroite et mignonne sous son enveloppe satinée et parfumée.

La main du vieux rédacteur en chef avait tracé de sa grosse et lourde écriture la suscription de la première.

Les pattes de mouche irrégulières de la seconde adresse étaient complétement inconnues à Georges.

Ce fut la lettre de M. de Saint-Sylvain que le journaliste ouvrit d'abord.

Qu'on juge du profond et indicible étonnement avec lequel il lut ce qui suit :

« Mon jeune ami et cher collaborateur,
» je crois que ce matin j'ai été un tant
» soit peu trop vif avec vous. — Eh ! mon
» Dieu, vous savez comme je suis, moi...
» — emporté comme une poudre fulmi-
» nante, mais le cœur sur la main. —
» Lorsque j'ai eu un tort quelconque, je
» n'hésite pas à le reconnaître. — C'est
» ce qui m'arrive en ce moment, et, quoi-
» que j'aie plus de trois fois votre âge,
» je n'éprouve nulle honte à faire les pre-
» miers pas et à vous déclarer que je ne

» conserve aucun souvenir du petit *ma-*
» *lentendu* qui nous a divisés.

» *Il ne faut jamais s'endormir sur une*
» *rancune,* dit la sagesse des nations. —
» C'est mon avis, j'espère que c'est aussi
» le vôtre et que nous voici maintenant
» bons amis comme devant.

» J'ai beaucoup à causer avec vous,
» mon jeune ami et cher collaborateur.
» — Venez, je vous en prie, me trouver
» demain au journal. — Tâchez d'arriver
» vers une heure, afin que nous ayons le
» temps et la liberté de bavarder à notre
» aise jusqu'à ce que ces messieurs de la
» rédaction encombrent mon bureau —
» apportez donc quelques articles,—aussi
» longs que vous voudrez — ils passeront
» immédiatement, et je ne vous cacherai

» pas que mon intention, désormais, est
» de vous payer *deux sous* la ligne — mais
» n'en dites pas un mot à qui que ce soit,
» afin d'éviter les jalousies que cette me-
» sure exceptionnelle ne pourrait man-
» quer de susciter.

» A demain donc, mon jeune ami,
» croyez que je m'estime heureux de vous
» avoir fait faire vos premiers pas, sous
» mon drapeau, dans une carrière qui
» mène à tout, et ne doutez point du dé-
» voûment inaltérable

» De votre vieil ami et collaborateur

« Bourguignon de Saint-Sylvain. »

Georges relut à trois reprises différentes cette étrange lettre, d'un affreux style, et plus il la relisait moins il en pouvait croire ses yeux, et il se demandait presque s'il n'était pas le jouet de quelque mystification de mauvais goût.

Mais, non! — c'était bien l'écriture du rédacteur en chef, et, hélas! c'était bien aussi son style!... — impossible d'en douter!

Lassé de chercher inutilement le mot de cette énigme provisoirement indéchiffrable, Georges prit la seconde épitre.

Nous avons dit que celle-ci était sous une enveloppe coquette et satinée — les délicates senteurs d'un parfum exquis s'en échappaient — sur son cachet de cire blanche se voyait un bouquet de roses nouées par des lacs-d'amour.

Georges brisa le cachet, déchira l'enveloppe et lut :

« Mon petit Georges.

» Vous êtes une fière canaille, mais un
» garçon terriblement dangereux !!...

» Je commence à croire qu'il vaut mieux
» vous avoir pour ami que pour ennemi
» — faisons donc la paix, s'il vous plaît,
» et je payerai les frais de la guerre...

» Je pense que c'est assez gentil cela,
» hein?...

» Dieu! que je trouverais votre article
» joli si seulement vous l'aviez fait con-
» tre une de mes bonnes amies!... — vous
» m'avez blessée au vif, savez-vous —
» mais vous trouverez moyen, n'est-ce
» pas, de guérir la blessure?... — j'y
» compte.

» Hier vous n'étiez rien — aujourd'hui
» vous êtes quelque chose — et, comme

» je n'ai qu'une parole, j'attends que vous
» me donniez votre jour et votre heure...

» Qu'en dites-vous ?...

» Bonjour, et à vous. »

» *** »

— Bah ! — s'écria Georges.

Et il ajouta, après une seconde de réflexion :

— Décidément, le soleil brille !!...

§

Nous devons à nos lecteurs une explication de ces brusques revirements, qui doivent leur paraître aussi bizarres qu'à Georges lui-même.

Nous allons leur donner cette explication en un fort petit nombre de lignes.

Lorsque M. de Saint-Sylvain regagna le bureau du *Lucifer*, après sa bruyante explication avec M. de Coësnon, il était à peu près onze heures.

L'employé borgne vint à lui d'un air tout effarouché et en roulant son œil unique avec une expression qui ne lui était point habituelle.

— Eh! bien, quoi? — lui demanda brusquement M. de Saint-Sylvain — qu'y a-t-il?...

— Il y a, monsieur le rédacteur en chef, que nous allons manquer de numéros...

— Imbécille!!... — tous les abonnés sont servis... malheureusement!...

— Je parle des numéros de collection, monsieur le rédacteur en chef... les numéros du journal de ce matin...

— J'allais vous donner l'ordre de les flanquer tous au feu...

— Miséricorde !... monsieur le rédacteur en chef !... au feu, des numéros comme celui-là !!... — en voilà quarante-cinq de suite que je vends, à dix sous pièce...

— Bah !...

— Oui, monsieur le rédacteur en chef — et j'ai fait dix abonnements depuis une heure — il paraît que nous avons dans le numéro d'aujourd'hui un article qui fait fureur — on dit que c'est quelque chose de superbe et que jamais le *Lucifer* n'a rien publié de pareil...

— Tiens! tiens! tiens!—fit M. de Saint-Sylvain dont le visage devint moins farouche.

— Tiens! tiens! tiens! — répéta-t-il — voilà qui est tout à fait particulier!...

Deux personnes entrèrent en ce moment dans le bureau.

Toutes deux s'abonnèrent, en réclamant le numéro du jour.

— Ma foi, monsieur — dit à l'employé un de ces abonnés nouveaux — vous pouvez vous vanter d'avoir à votre journal un rédacteur d'un fier talent!... — ce M. de Coësnon n'a pas de rival à Paris!...

Le rédacteur en chef devint soucieux et murmura entre ses dents :

— Diable!... diable!... — n'ai-je pas été un peu trop vif?...

A deux heures de l'après-midi, les numéros de collection étaient complétement épuisés.

A quatre heures, soixante personnes avaient fait inscrire leurs noms pour des abonnements, à la condition qu'on ferait un nouveau tirage du fameux numéro épuisé et qu'on le leur fournirait.

A moins d'être complétement aveugle, il devenait impossible de nier l'évidence.

M. de Saint-Sylvain comprit qu'en rayant Georges de la liste de ses rédacteurs, il venait de mettre à la porte la fortune du journal.

C'est alors qu'il prit un grand parti, et qu'il écrivit la lettre que nous connaissons.

Quand à l'épître de mademoiselle\*\*\*, elle ne nous paraît point avoir besoin de commentaires. — Elle s'explique plus que suffisamment par elle-même.

§

Le lendemain, à l'heure indiquée par la lettre de M. de Saint-Sylvain, Georges se rendit au *Lucifer* — il se montra bon prince et il prouva au vieux rédacteur en chef, par une cordiale poignée de main, qu'il ne lui gardait rancune en aucune façon de son orageuse visite de la veille.

Nous considérons comme parfaitement inutile de faire assister nos lecteurs à l'entretien des deux journalistes.

Disons seulement que le résultat de cet entretien fut un traité en bonne et dûe forme, par lequel M. de Saint-Sylvain confiait à Georges les compte-rendus relatifs aux quatre principaux théâtres de Paris, l'investissant d'une liberté sans limites quant à la forme de sa rédaction qui ne se trouverait plus, à l'avenir, soumise à aucun contrôle.

Georges était en outre chargé de la rédaction d'un feuilleton hebdomadaire, anecdotique et critique, intitulé : *Chronique parisienne*.

Au prix fixé de deux sous la ligne, ces

différents travaux pouvaient et devaient rapporter au jeune homme une somme d'au moins quatre ou cinq cents francs par mois, tout en lui laissant le temps nécessaire pour s'occuper sérieusement de faire du théâtre.

La position de Georges se dessinait de toutes les manières, et les rayons du soleil qui luisait après l'orage devenaient de plus en plus brillants.

Georges faisait une excellente affaire sans doute, mais M. de Saint-Sylvain en faisait une meilleure.

En moins de trois mois, le chiffre des abonnés du *Lucifer* avait quadruplé — en outre le petit journal, si parfaitement obscur jusque-là, acquérait peu à peu cette importance qui ne fait jamais défaut aux organes répandus et accrédités de la presse, qu'ils soient politiques, satyriques, ou même seulement littéraires.

M. de Saint-Sylvain voyait enfin réaliser ce rêve, si vainement caressé par lui depuis quarante ans...

Il était rédacteur en chef d'un journal qui rapportait de l'argent! — il était puissant! — il était redouté!... — Sa joie dépassait de beaucoup les plus extrêmes limites de l'enivrement le plus absolu — il semblait donner un vivant démenti à l'adage philosophique qui prétend que le bonheur parfait et sans nuages ne peut point se rencontrer sur la terre.

Ajoutons qu'il avait fait l'acquisition d'un nouveau et splendide portefeuille, en maroquin rouge, à coins et à fermoirs d'argent — portefeuille deux fois plus grand que le premier et qui lui donnait l'air, tout au moins, du caissier de M. de Roschild ou du président du Conseil des ministres.

Hélas! — cette félicité sans bornes ne devait point avoir une longue durée!...

Un des *petits crétins* de la rédaction se permit de critiquer devant le rédacteur en chef un article écrit et signé par Georges, mais dont l'idée première appartenait à M. de Saint-Sylvain.

Ce dernier entra dans un accès de colère d'autant plus violent qu'il avait de son mérite et de son importance une plus haute idée.

Son visage s'injectait de sang — ses regards lançaient la foudre — les expressions les plus formidables de son vocabulaire habituel ne tarissaient point sur ses lèvres.

Tout à coup on le vit pâlir et chanceler — il ne balbutia plus que quelques paroles indistinctes qui s'éteignirent dans un murmure confus...

On s'empressa autour de lui — on le soutint — on l'assit dans ce fauteuil qui, si longtemps, avait été pour lui un trône et qui maintenant n'était plus qu'un dernier relai avant d'arriver au cercueil...

Une attaque d'apoplexie foudroyante

venait de le frapper — il ne recouvra ni l'intelligence ni la parole — il mourut au bout de quelques heures — on l'enterra le lendemain au cimetière du Père-Lachaise — Une députation de la presse l'accompagna jusqu'à cette demeure éternelle et trois ou quatre discours, fort éloquents ma foi, furent prononcés sur sa tombe...

Que Dieu ait l'âme du vieux journaliste !...

§

M. de Saint-Sylvain n'avait pas fait son testament — il ne laissait que des parents éloignés — et la propriété du *Lucifer* constituait la seule valeur réelle de la succession.

Cette propriété fut vendue aux enchères publiques et achetée par un capitaliste assez riche qui, comprenant à merveille ses véritables intérêts, se hâta d'offrir à Georges un nouveau traité plus avantageux encore pour lui que le premier.

Georges resta donc la cheville ouvrière, le *Deus ex machina* du *Lucifer*.

Il s'arrangea de façon à tirer de sa position tout le parti possible au point de vue pécuniaire — non pas qu'il fit précisément du *chantage* dans un intérêt d'argent, mais, comme il était auteur dramatique en même temps que journaliste, il se servit de la crainte qu'inspirait sa plume acérée pour se faire ouvrir à deux battants les portes de tous les théâtres.

Georges commença par se servir du *Lucifer* pour imposer ses pièces aux directeurs.

Puis, peu à peu, comme il ne manquait pas de talent, les directeurs en arrivèrent à le jouer volontiers et même à rechercher ses œuvres.

Sans doute alors, après avoir obtenu ce résultat, il aurait pu laisser de côté le journal qui lui avait servi d'échelle pour parvenir à son but.

Mais Georges avait goûté les enivrements de cette occulte puissance qui s'appelle le journalisme.

Il lui aurait fallu plus de force de volonté, et surtout plus de moralité qu'il n'en restait en son âme, pour rejeter loin de lui la coupe pleine encore dans laquelle il n'avait puisé qu'à peine.

Georges resta journaliste.

Avons-nous besoin de dire que jeune, joli garçon, spirituel et redoutable comme il l'était, il eut d'innombrables succès dans les boudoirs de la haute bohême artistique et galante.

Beaucoup d'actrices, célèbres ou obscures, et presque toutes les jolies prêtresses de la Vénus parisienne, furent les odalisques de son harem.

Mais, un beau jour, il se lassa de ces succès par trop faciles — il rêva de plus glorieux triomphes et il résolut de s'introduire dans ce monde aristocratique dont il lui semblait que son vieux nom de gentilhomme breton devait lui donner l'entrée.

Il se trompait.

Certes, les salons du faubourg Saint-Germain et du faubourg Saint-Honoré auraient admis sans conteste le gentilhomme — l'artiste — l'écrivain dramatique en vogue — mais ils restèrent impitoyablement fermés pour le journaliste du *Lucifer* dont le nom seul éveillait l'idée d'un scandale.

La déception et l'humiliation furent amères pour Georges — l'orgueil blessé lui fit au cœur une profonde et incurable blessure.

Il prit en haine ce monde qui le repoussait à cause de sa plume et il résolut de se venger de ce monde avec sa plume.

Il ne se tint que trop bien parole et, à maintes reprises, quelques lignes de sa *Chronique parisienne* eurent pour résultat des duels dont il sortait toujours vainqueur.

Tandis que Georges vivait à Paris de cette existence fiévreuse et immorale, pleine de joies énervantes et de plaisirs frelatés, existence odieuse dont il ne parvenait point à se lasser, mademoiselle de Coësnon, sa sainte et noble tante, toujours isolée sur ses dunes bretonnes, pensait à son enfant prodigue bien-aimé dont elle pleurait toujours l'absence.

Souvent — bien souvent — elle écrivait à Georges — mais Georges ne lui répondait qu'à peine.

Non pas qu'il eut cessé de l'aimer — loin de là — la nature du jeune homme, au fond, n'était pas mauvaise, et il conservait pour la vieille fille autant d'affection que de reconnaissance et d'admiration. — A chaque lettre nouvelle de mademoiselle Olympe, Georges se promettait de répondre le lendemain — le lendemain se passait et les jours suivants — le tourbillon des occupations et des plaisirs l'emportait, et il ne répondait pas.

Tout au plus chaque année, au premier janvier, mademoiselle de Coësnon était-elle à peu près sûre de recevoir des nouvelles de son neveu — et Dieu sait avec quelle impatience elle attendait cette lettre annuelle, toujours trop courte selon ses vœux — jamais assez explicite, jamais assez pleine de détails — Dieu sait qu'elle la lisait cent fois de suite, et que, la sachant déjà par cœur, elle la relisait encore...

Au moment où commence ce récit, le journaliste, plus absorbé que jamais par les multiples occupations, par les distractions incessantes qui remplissaient ses jours et ses nuits, n'avait pas écrit depuis dix-huit mois.

Mademoiselle Olympe se sentait prodigieusement affligée de ce long silence, mais non inquiète, car, au fond de son âme, elle gardait, comme une superstition pieuse et chérie, cette douce croyance que

Dieu ne la rappellerait point à lui sans lui avoir accordé ce suprême bonheur d'embrasser une dernière fois son neveu.

Et elle se disait, avec une inébranlable confiance :

— Rien ne peut arriver à Georges, puisque je dois le revoir encore...

FIN DE LA DEUXIÈME PARTIE.

# TROISIÈME PARTIE

## NICOLE

# I

**Mademoiselle Olympe. — La chambre du baron.**

Nous avons quitté les habitants du château de Piriac, au moment où Médard, le valet rustique, venait de leur annoncer que mademoiselle Olympe de Coësnon entrait au château.

La vieille fille ne tarda point à se montrer sur le seuil de la porte du salon.

Aussi maigre que le sont habituellement les poitrinaires parvenus au dernier degré de la phthisie, — à demi courbée en avant — s'appuyant de la main droite sur une courte béquille en bois de houx noirci au feu — embéguinée dans des flots de dentelles jaunies qui ne laissaient voir que deux ou trois mèches de cheveux blancs comme de l'argent, la vieille fille semblait plus âgée encore qu'elle ne l'était en réalité, et nul vestige de sa beauté d'autrefois ne se retrouvait parmi les rides innombrables de son visage.

Ses yeux seuls avaient conservé leur inaltérable expression d'infinie douceur et d'abnégation tendre et sans bornes.

Marie-Geneviève courut à elle, — l'embrassa avec effusion — lui prit des mains sa petite béquille, et, la contraignant en quelque sorte de s'appuyer sur son bras, la conduisit jusqu'à un fauteuil dans lequel elle la fit asseoir.

— Merci, chère enfant, — lui dit la vieille fille touchée jusqu'aux larmes par cet empressement. — Vous êtes belle et bonne comme une vraie Bretonne que vous êtes...

Puis, après les premiers compliments échangés, mademoiselle Olympe s'adressant au baron, demanda :

— Ainsi, mon voisin, c'est bien décidé ? vous partez demain ?...

— Oui, chère demoiselle... — il le faut,

et je me hâte, car vous savez le proverbe :
— *plutôt parti, plutôt revenu...*

— C'est un grand voyage que celui que vous entreprenez là..... — Personne plus que moi ne priera le bon Dieu pour qu'il soit heureux et court...

— Vos prières aidant, chère demoiselle, il le sera...

— Vous savez que je suis déjà venue tantôt, mon voisin ?

— Sabine me l'a dit.

— Madame la baronne vous a-t-elle dit aussi que j'avais un service à vous demander ?...

— Il s'agit, je crois, d'une lettre ?...

— Oui, mon voisin... — une lettre que

j'écris à mon neveu, ou plutôt à mon cher et unique enfant... à Georges... — c'est bien de l'embarras, n'est-ce pas, que je vais vous donner là, en vous priant de vous en charger et de la remettre à Georges lui-même ?...

— Ce n'est pas un embarras... c'est un plaisir...

— Ah! vous êtes bon de parler ainsi... mais je n'en sais pas moins toute la reconnaissance que je vous dois... — Paris est si grand et le temps passe si vite... — vous faire dépenser à mon profit une demi-journée c'est retarder d'autant votre retour ici... — et je comprends bien, allez, l'ardent désir que l'on éprouve de se rapprocher des siens le plus vite possible.

— Ne vous inquiétez point de cela, chère demoiselle, et comptez que votre commission sera faite et bien faite...

— Merci de nouveau — merci mille fois !... — voici la lettre...

Et mademoiselle Olympe tendit à M. de Piriac une large enveloppe qu'il serra aussitôt dans son portefeuille.

La vieille fille reprit :

— Puisqu'il est convenu que vous aurez l'extrême bonté d'aller voir mon Georges, regardez-le bien, monsieur le baron, je vous en supplie, afin de me dire comment il est... — il doit être bien changé, le pauvre enfant — quand il est parti d'ici, c'était un tout jeune homme... maintenant, c'est un homme fait — vous l'avez vu autrefois, vous, mon voisin — vous ne le reconnaîtrez pas — songez donc, il n'avait point de barbe alors, il doit en avoir maintenant — moi je le reconnaîtrais — *quand même* — sinon avec mes yeux, du moins avec mon cœur... — regardez tout, regardez bien tout, et sa personne, et son habillement, et la chambre dans laquelle il vit. — Ah! je vous préviens qu'à votre retour je vais vous accabler de questions, je ne sais vraiment pas comment vous ferez pour vous débarrasser de moi... la curiosité de ma tendresse sera insatiable...

— Soyez tranquille, chère demoiselle, je ferai en sorte d'avoir cent yeux pour tout voir et pour vous satisfaire...

— Il sait que je l'aime, ce cher enfant — il le sait, il n'en doute pas... mais cependant répétez-le lui encore... dites lui que le plus ardent, le seul désir de sa vieille tante serait de l'avoir enfin auprès d'elle — dites-lui que, depuis son départ, je ne songe qu'à assurer son existence à venir — que j'économise, que j'entasse, que tout ici est à lui et que, quand il sera enfin fatigué de son affreux Paris, il trouvera près de moi une vie tranquille et reposée, et, sinon la richesse, du moins l'aisance... — Il pourra avoir, s'il le veut, un cheval, des chiens, un canot... que sais-je encore? en faut-il davantage, mon Dieu, pour être heureux?... — vous souviendrez-vous bien de lui dire tout cela, mon voisin?...

— Je vous le promets, chère demoiselle.

— Qui peut le retenir ainsi à Paris?...

— le comprenez-vous?... c'est inexplicable pour moi...

— Mais, mademoiselle, il paraît que M. Georges est un homme de beaucoup de talent... qu'il a une grande réputation... qu'il gagne de l'argent...

La vieille fille hocha tristement la tête.

— Triste réputation!!! — murmura-t-elle — triste argent!... — quel honneur y a-t-il, je vous le demande, à faire des pièces de théâtre pour des comédiens mécréants et réprouvés?... — chacun des écus ou des louis d'or qu'il gagne de cette façon m'épouvante, car je ne peux m'empêcher de croire que c'est le démon qui les lui envoie et qui lui achète ainsi son âme!... — mais il ne voit pas les choses avec les mêmes yeux que moi! — il est aveugle, le pauvre enfant!... — Dieu permettra peut-être que les ténèbres dont il est enveloppé se dissipent, et alors il verra la lumière et la vérité, le pauvre cher enfant, — il brûlera ce qu'il a adoré — il adorera ce qu'il a brûlé — il secouera la poussière de ses pieds — il abandonnera la Babylone d'iniquités, et il reviendra chercher ici, sur cette vieille et pieuse terre de Bretagne, un réel et paisible bonheur...

Le baron de Piriac inclina gravement la tête, comme pour applaudir à ce discours.

Quant à Paul, il se détourna pour cacher le sourire un peu moqueur qu'amenait sur ses lèvres la mystique exaltation de la vieille fille.

Mademoiselle Olympe continua, pendant quelque temps encore, la série de ses recommandations sans fin au baron — puis la conversation devint générale et roula sur des sujets qui ne sauraient intéresser nos lecteurs et que, par conséquent, nous nous abstiendrons de reproduire.

Après une visite d'une heure et demie, mademoiselle de Coësnon prit congé de ses hôtes et, s'appuyant d'un côté sur sa béquille, de l'autre sur sa fidèle servante, elle reprit le chemin de son petit castel.

La soirée s'avançait.

M. de Piriac avait à faire quelques derniers préparatifs pour son départ du lendemain — il regagna son appartement qui, depuis bien des années, n'était plus le même que celui de madame Sabine.

Après la naissance de Marie-Geneviève le baron avait trouvé au moins suffisant ce nombre de deux héritiers, et il s'était décidé à prendre un parti qui rendait complétement impossible toute nouvelle et importune survenance d'enfant.

Ce n'avait pas été une des moindres souffrances de la baronne dans sa vie conjugale, que cette subite et absolue froideur de M. de Piriac, froideur que la chaste mais tendre épouse regardait d'ailleurs comme une insulte aux saintes lois du mariage.

Mais, à cela comme à tout le reste, elle s'était résignée.

La chambre à coucher du baron se trouvait dans le principal corps de logis; — c'était une vaste pièce, très haute de plafond, à boiseries de chêne — à plafond coupé par des poutrelles sculptées, — et éclairée par deux larges et profondes fenêtres qui prenaient vue sur la mer.

M. de Piriac, pour éviter la notable dépense d'un achat de bois de lit et de fauteuils en acajou, avait garni cette chambre de vieux meubles, faisant partie de l'ancien mobilier du château.

Cet ameublement, qu'il trouvait odieux, était en réalité splendide.

Un connaisseur se serait pâmé d'admiration devant le lit à baldaquin et à colonnes torses de chêne noirci par le temps et drapé de rideaux en vieux lampas vénitien d'un rouge sombre.

Six fauteuils gothiques, garnis en cuir de Cordoue gauffré, d'un ton fauve sur lequel tranchaient çà et là quelques paillettes d'un or effacé, dressaient fièrement contre les boiseries leurs hauts dossiers, ciselés à jour comme les rosaces flamboyantes d'une cathédrale du moyen-âge.

M. de Piriac serrait son linge et ses vêtements dans les profondeurs de deux bahuts immenses, d'un admirable travail de sculpture, — sur les panneaux de ces bahuts quelque grand artiste obscur, se servant du ciseau et de la gouge comme le curé de Meudon se servait de la plume, avait fait saillir en demi-relief toute une interminable procession de grotesques et pantagruéliques personnages et de fantastiques animaux.

C'était prodigieux d'esprit burlesque, de verbe bouffonne et de hardiesse d'exécution !

Chaque fois que le baron regardait ce double joyau, il poussait un soupir et il se disait d'un ton dolent :

— Ah ! si seulement j'avais deux belles commodes, en acajou, ou seulement en noyer, à la place de ces fripperies ridicules !... — mais il faut être économe !...

Et il se consolait en se représentant que l'acajou — et même le noyer — étaient véritablement hors de prix !...

Sur la cheminée se voyait une pendule

de Boule, en ébène incrusté de cuivre et d'étain.

De chaque côté de cette pendule, des potiches du Japon d'un magnifique émail étalaient leurs gros ventres semés de fleurs impossibles, bariolées de bleu, de rouge et d'or et mordues par des dragons verts à crêtes pourpres.

Nous ne saurions dire de quel dédain suprême M. de Piriac accablait cette malheureuse pendule et ces potiches infortunées, quand il les comparait à la *merveilleuse* garniture de cheminée achetée pour le salon à l'époque de son mariage.

Quoi de plus coquet, de plus élégant, de meilleur goût, en effet, que cette pendule neuve entièrement dorée et figurant

*Apollon sur son char, traîné par deux chevaux fougueux?* — un globe de verre protégeait, contre les manques de respect des mouches, la dorure de cet objet d'art.

Que de plus charmant, de plus luxueux, de plus parfait, que ces deux vases — également sous verre — en belle porcelaine montée en cuivre doré, et dont un pinceau *ingénieux* avait illustré les flancs de scènes gracieuses et mythologiques, aussi délicatement nuancées que l'ivoire d'une miniature?

Il avait été grandement question de ces vases dans tout le pays, et, de la Roche-Bernard à Nantes, il ne se trouvait rien, disait-on, qui fut digne de leur être comparé.

Aussi le baron se montrait-il volontiers

assez vain de leur possession, et répondait-il aux complimenteurs :

— Mais oui, je crois que je ne manque point de goût et que, lorsque l'occasion s'en présente, je fais assez bien les choses !...

On s'explique maintenant sans doute la piteuse figure que, dans l'esprit du baron, faisaient les potiches japonaises à côté des vases mythologiques.

De lourds rideaux de lampas écarlate, pareils à ceux du lit, se drapaient aux fenêtres de la chambre à coucher.

L'ameublement était complété par une grande glace de Venise, dans son cadre d'étain ciselé tout miroitant de petits cristaux taillés à facettes.

Cette glace, un peu inclinée en avant,

se trouvait suspendue à la boiserie, en face du lit.

Il y avait en outre un tableau — un seul — mais ce tableau méritait à plus d'un titre une attention particulière, et nous allons nous occuper de lui dans un chapitre spécial.

II

**Le tableau de Luc de Cranach.**

L'unique tableau qui se trouvat dans la chambre de M. de Piriac — disions-nous en terminant le chapitre qui précède — méritait, sous plus d'un rapport, de fixer l'attention d'une façon toute particulière.

C'était une œuvre remarquable de Luc Cranach — de grande dimension — peinte sur bois — et qui, dans son cadre d'ébène, occupait la totalité d'un panneau latéral.

Ce tableau représentait la *Tentation de Jésus-Christ dans le désert.*

On connaît le genre de talent du vieux maître allemand de la fin du quinzième siècle — on sait qu'il se recommandait plus par la vigueur de la pensée, par la hardiesse et l'originalité de la composition, que par l'exécution elle-même qui conservait en partie la sécheresse des peintures gothiques. — Les draperies seules annonçaient un pinceau plus exercé et une meilleure étude de l'imitation de la nature.

Le tableau qui nous occupe offrait un spécimen très complet des qualités et des défauts du maître. — Il eut offert à un artiste ou à un connaisseur un sujet de précieuses observations, mais il pouvait d'autant moins être apprécié par M. de Piriac, que la peinture avait singulièrement poussée au noir, et qu'en outre le temps et la fumée, en donnant au vernis qui le recouvrait l'apparence d'un glacis brun uniforme, ne permettaient qu'à grand'peine d'en distinguer, sinon l'ensemble du moins les détails.

Ce tableau n'était point suspendu à la muraille et un peu penché, ainsi que cela se pratique habituellement, il faisait corps avec la boiserie et semblait incrusté dans le panneau qu'il recouvrait.

A coup sûr il se trouvait là depuis des siècles et n'en avait jamais bougé.

Le baron, avons-nous dit, regagna sa chambre pour s'y livrer aux derniers préparatifs que nécessitait son départ.

Ces préparatifs devaient être courts, car M. de Piriac n'était point homme à s'encombrer de bagages nombreux.

Il entassa, sans beaucoup d'ordre, dans une petite malle de cuir facile à transporter, un peu de linge et les vêtements indispensables. — Il y joignit les titres et les papiers dont la production au notaire était nécessaire pour arriver à la mise en possession de l'héritage si inopinément échu.

Il ferma et boucla cette valise, et tout fut fini.

Mais, ceci terminé, M. de Piriac au lieu de descendre au salon, ainsi qu'on devait s'y attendre, alla fermer à double tour et vérouiller avec soin la porte de son appartement.

Il abaissa les épais rideaux devant les fenêtres, comme s'il eût craint qu'un regard curieux ne songeât à l'espionner depuis le dehors — chose bien difficile, cependant, sinon impossible, car nous savons qu'il se trouvait au premier étage.

Ces précautions prises, il s'approcha avec un flambleau du tableau de Luc de Cranack, et, se faisant un réflecteur avec l'une de ses mains, il concentra toute la lueur de sa bougie, non point sur ce tableau lui-même, mais sur un des montants de son cadre.

Il eût été possible, alors, de distinguer vaguement sur la surface de l'ébène une sorte de défaut, parfaitement semblable à l'un de ces nœuds qui se trouvent parfois dans les bois les mieux choisis et les plus parfaitement travaillés.

M. de Piriac plaça son doigt sur ce nœud et appuya avec force.

On entendit un craquement brusque, et le tableau, tournant lentement sur des gonds invisibles, démasqua le panneau avec lequel il semblait faire corps.

Ce panneau était en chêne sculpté, comme tout le reste de la boiserie.

Le baron chercha et trouva sans peine, parmi les détails de la sculpture, un bouton de métal un peu proéminent et peint de façon à imiter la couleur du bois.

Il appuya sur ce bouton, comme il avait appuyé sur le nœud de l'ébène, et le panneau, changeant de place à son tour, laissa voir une espèce de placard lgear et profond pratiqué dans la muraille massive.

Sur l'un des rayons de ce placard se voyaient quatre objets :

Un grand sac de forte toile grise gonflé à éclater. — Un second sac, de moindre dimension, et tout aussi plein.

Un portefeuille de cuir noir, épais et

volumineux; — et, enfin, une large enveloppe non cachetée.

Le baron ne toucha ni aux sacs, ni au portefeuille.

Il prit seulement l'enveloppe et la porta sur le bureau où il avait l'habitude d'écrire.

Cette enveloppe portait pour suscription ces quatre mots :

CECI EST MON TESTAMENT.

Il en retira une large feuille de papier qu'elle contenait, et qui n'était couverte d'écriture que d'un seul côté.

Il relut attentivement les lignes déjà tracées.

A ces lignes il en ajouta quelques autres qu'il data et qu'il signa.

Il remit la feuille dans l'enveloppe, qu'il scella d'un large cachet de cire rouge timbré de ses armes.

Puis l'enveloppe reprit sa place dans le placard à côté des deux sacs et du portefeuille.

Le panneau de la boiserie revint masquer le placard, le tableau s'ajusta sur le panneau, et toute trace pouvant révéler l'existence de la mystérieuse cachette disparut de la façon la plus absolue.

M. de Piriac rouvrit alors les rideaux des deux fenêtres — tira les verroux qu'il avait poussés, et, après avoir jeté sur le cadre d'ébène un dernier regard, il quitta son appartement et redescendit au salon où il passa en famille le reste de la soirée.

§

Le lendemain, au point du jour et au moment où la brise du matin s'élevait sur les eaux calmes et transparentes de l'Océan et les ridait en y soulevant de petites lames clapotteuses, Paul vint frapper à la porte de son père, afin d'éveiller ce dernier.

M. de Piriac ouvrit immédiatement. — Depuis longtemps il était debout et en costume de voyage.

— Eh bien ? — demanda-t-il — les chevaux ?...

— Médard est en train de les seller.

— C'est toujours toi qui m'accompagnes jusqu'au Croisic ?

— Oui, mon père.

— Alors, fais-moi le plaisir de prendre ma valise, de la descendre et de la faire ajuster sur la croupière de l'un des chevaux.

— Oui, mon père.

— Est-ce que ta mère est levée ?

— Depuis plus d'une heure.

— Où est-elle ?

— Dans la salle à manger.

— Que fait-elle?

— Elle a pensé que vous seriez bien aise de déjeûner avant de partir, et elle s'occupe des préparatifs de votre repas.

— Je n'ai pas grand appétit, si matin, — mais, ce que je mangerai ici je ne le mangerai pas ailleurs... notable économie... — Je descends... — Prends ma valise.

Paul obéit à cette recommandation deux fois répétée, et, tandis qu'il remettait la petite malle aux mains de Médard, M. de Piriac gagnait la salle à manger où l'attendaient la baronne et Sabine.

Nous avons entendu ce que le baron venait de dire de son appétit.

Nous devons ajouter que, soit qu'il fût

pourvu d'un estomac d'une complaisance et d'une élasticité rares, — soit que ce viscère fût accoutumé à respecter, ainsi que son propriétaire, les lois d'une économie bien entendue, le gentilhomme breton mangea comme un chasseur affamé, après une excursion de dix heures à travers taillis et bruyères.

Le lièvre presqu'entier disparut.

M. de Piriac mit, en outre, dans l'une des vastes poches de sa jaquette, le peu qui restait du râble, soigneusement enveloppé, et un notable morceau de pain.

Ainsi lesté, pour le présent et pour l'avenir, il embrassa sa femme et sa fille, non sans une vague émotion, qui peut-être était un pressentiment, et il se mit en selle sur son bidet breton, avec l'agilité d'un jeune homme.

Un instant après, le père et le fils trottaient sur le sable de la plage, dans la direction de la pointe du Ranz.

## III

**Le passeur. — La légende.**

Peu de paroles furent échangées entre M. de Piriac et Paul pendant la durée du trajet — durée qui fut courte d'ailleurs, grâce à la vivacité d'allures des petits chevaux à tous crins et à jambes fines et nerveuses.

Enfin les deux hommes, au moment d'atteindre la pointe du Ranz, quittèrent la plage et gravirent les dunes sablonneuses dans lesquelles les sabots de leurs montures s'enfonçaient jusqu'au dessus du boulet.

Quelques minutes leur suffirent pour arriver à l'extrémité de la jetée, grossièrement construite en blocs de granit et qui termine le promontoire. — Depuis cette jetée, le regard embrasse dans toute leur étendue les quais du Croisic, dont on n'est séparé que par un étroit bras de mer ainsi que nous l'avons dit dans le précédent volume.

Le premier coup d'œil du baron chercha la voiture qui devait l'emmener à Saint-Nazaire, et qu'on apercevait immobile et attendant les voyageurs devant l'hôtel Guillore !

— Bien... bien... — fit-il d'un air satisfait ; — nous ne sommes point en retard — la diligence n'est pas attelée — j'ai encore au moins trois quarts d'heure devant moi... — Allons, Paul, détache la valise.

M. de Piriac mit pied à terre, et, pendant que son fils débouclait les courroies qui assujétissaient la petite malle sur le bidet, il approcha de sa bouche ses deux mains unies, de manière à en faire une sorte de porte-voix, et, à trois reprises différentes, il fit retentir un appel vibrant et sonore qui peut se traduire assez exactement par les syllabes suivantes :

— Oh!... oh! eh!... oh!...

Une seconde s'écoula.

Puis, la répétition du même cri traversa le bras de mer, venant cette fois, comme un écho, du côté du Croisic.

C'était le passeur qui répondait qu'il avait entendu et qu'il ne se ferait point attendre.

En effet, et presque en même temps, on put le voir sauter dans sa barque qui stationnait au pied de Lénigo — la démarer — l'éloigner du quai par un vigoureux coup d'aviron — la laisser suivre le courant pendant le quart d'une minute, puis déployer sa voile brune et triangulaire et mettre le cap sur la pointe du Ranz.

— *Il serre le vent au plus près* — dit le baron à son fils, tandis que le passeur effectuait la manœuvre que nous venons de décrire; — dans moins de trois de minutes il sera ici... — Tu vas retourner tout de suite à Piriac, je pense?...

— Oui, mon père — répondit Paul avec une imperceptible hésitation.

— Tu diras à ta mère que la première partie de mon voyage s'est effectuée sans accident, et que c'est de bon augure pour le reste...

— Oui, mon père.

— Tu l'embrasseras ensuite pour moi, ainsi que ta sœur. — Tu n'es plus d'âge à ce qu'on te fasse des recommandations de prudence et de bonne conduite. — Je t'engage cependant, si tu vas à la mer, à n'y point aller sans Médard ou sans Pelo et à faire en sorte de ne te point noyer; —

prends aussi tes précautions avec ton fusil et tes chiens — les accidents de chasse sont fréquents, et je tiens fort à te retrouver à mon retour bien portant et tout entier...

— Soyez tranquille, mon père, il ne m'arrivera rien.

— Je le souhaite et je l'espère... — Ah ! une dernière recommandation : — dis à ta mère, de ma part, qu'elle prenne bien garde au feu et qu'elle veille à ce qu'on n'aille ni à l'écurie, ni dans les fournils avec de la lumière, et souviens-toi, dans le cas invraisemblable ou par malheur un incendie viendrait à se déclarer, souviens-toi, dis-je, de sacrifier au besoin tout le reste du bâtiment pour conserver intacte la partie du château où se trouve ma chambre à coucher...

— Pourquoi donc cela, mon père? — hasarda le jeune homme.

— Parce que je le veux ainsi — répliqua péremptoirement le baron.

— C'est bien, mon père ; — si un malheur arrivait, je n'oublierais pas ce que vous venez de me dire.

— J'y compte. — Maintenant, mon enfant, voici que le passeur approche, disons-nous : Au revoir...

— Quand pensez-vous revenir, mon père?

— Dame ! le plus tôt possible... — dans huit ou dix jours — quinze jours ou trois semaines, au plus.

— Vous nous écrirez, n'est-ce pas?

— Certainement. — D'abord je vous donnerai mon adresse à Paris, afin que, s'il arrivait quelque chose ici, vous puissiez me le faire savoir sans délai... — Ensuite je vous préviendrai du jour précis de mon retour — on viendra au-devant de moi, soit ici, soit à Guérande...

— Oui, mon père.

— Allons, adieu — embrasse-moi. — Tiens tes chevaux, je descendrai la valise moi-même...

Paul et son père échangèrent un embrassement affectueux, mais sans effusion, puis M. de Piriac, portant sa malle sur son épaule, gagna le canot par un escalier rapide et inégal, pratiqué dans le flanc même de la jetée.

L'instant d'après, la petite embarcation

fendait rapidement les lames, et le baron, debout à l'arrière, agitait son mouchoir pour envoyer un nouvel adieu à Paul.

Ce dernier, la bride des deux chevaux passée dans l'un de ses bras, resta immobile sur la plate-forme jusqu'au moment où la traversée du canot fut achevée et où M. de Piriac, après avoir payé le passeur, s'éloigna rapidement dans la direction des quais.

Le jeune homme alors, conduisant les chevaux par la bride, gagna avec eux un endroit distant de quelques centaines de pas et où quelques touffes d'herbes maigres croissaient dans le sable, grâce à l'abri protecteur des dunes.

Depuis le Croisic, la vue — arrêtée par

le prolongement de la jetée — ne pouvait arriver en cet endroit.

Paul s'arrêta.

Puis, au lieu de se remettre en selle et de reprendre le chemin du château de Piriac, ainsi qu'il avait annoncé à son père que son intention était de le faire, il dessella les chevaux — avec les sangles il leur improvisa des *entraves*, propres à les empêcher de s'éloigner tout en leur laissant la liberté de faire quelques pas à droite et à gauche.

Les deux bidets firent entendre un hennissement joyeux — ébauchèrent une cabriole qui dut rester incomplète à cause des entraves des pieds de devant, et se mirent à brouter l'herbe peu fournie, seule nourriture offerte à leur frugal appétit.

Paul, après avoir accompli la triple opération dans les détails de laquelle nous venons d'entrer, reprit le chemin de la pointe du Ranz, non point d'un pas rapide et la tête levée, mais avec une allure lente et tortueuse, assez semblable à celle d'un huron ou d'un mohican qui se dispose à surprendre son ennemi.

Quand il fut arrivé à un endroit d'où la vue pouvait s'élancer jusqu'aux quais du Croisic, il cessa d'avancer et il se coucha à plat-ventre sur le sable; — son corps était caché par une proéminence de la dune — sa tête seule restait en vue; — mais, pour distinguer cette tête depuis l'autre côté du bras de mer, il aurait fallu être armé d'un formidable télescope.

Les yeux du jeune homme semblaient avoir pour point de mire unique la diligence déjà signalée par M. de Piriac — il ne la perdait pas un seul instant de vue.

Une demi-heure s'écoula.

Paul commençait à trouver sa position fatigante.

Enfin un certain mouvement se manifesta autour de la voiture immobile — trois chevaux furent attelés en arbalète à son timon — la bâche de cuir s'abaissa sur les bagages des voyageurs, — puis ces voyageurs eux-mêmes, — parmi lesquels le jeune homme reconnut ou crut reconnaître son père — s'installèrent dans les divers compartiments du lourd véhicule.

Quelques minutes se passèrent encore.

Le postillon et le conducteur prirent place sur le siége, et les chevaux, excités sans doute par un fouet invisible, partirent au galop.

Aussitôt que la diligence se fut mise en mouvement, Paul quitta, non sans un vif sentiment de satisfaction et de bien-être, la position horizontale qu'il gardait depuis si longtemps.

Il secoua ses membres élastiques, il fit voler loin de lui le sable fin qui s'était attaché à ses vêtements, et, cela fait, il bondit jusqu'au sommet de la dune et, en quelques élans, il atteignit l'extrémité de la jetée.

Comme le baron, il fit un porte-voix de ses deux mains.

Comme le baron, il jeta dans l'espace le cri d'appel :

— Oh ! oh ! eh !... oh !...

— Oh !... oh !... eh !... oh ! — répondit le passeur.

Et, pour la seconde fois, la barque quitta le Lénigo pour se diriger vers la pointe du Ranz qu'elle atteignit bien vite.

Paul sauta dans le canot avec l'agilité d'un chamois faisant de la gymnastique sur les pics inaccessibles des Alpes ou des Pyrénées.

— Allons, père Mathias — dit-il d'un ton gai — démarrons ça, et vivement!...
— voulez-vous que j'empoigne un aviron et que je vous donne un coup de main?... ça me connaît, ces outils-là!...

— Pas la peine, monsieur Paul, pas la peine... — répondit le vieux passeur — nous avons le vent pour nous, et le vent, voyez-vous, vaut mieux que nos quatre bras... quoique les vôtres, qui sont jeunes, soient plus solides que les miens, et quoique je sache que vous patinez l'aviron mieux qu'un équipier de la marine royale... — ah! dam! si nous n'avions pas le vent, un coup de main ne serait point de refus, — mais nous avons le vent, monsieur Paul, et ça dit tout...

En effet le canot filait comme une

mouette en rasant les vagues, et son taille-mer faisait jaillir à droite et à gauche une écume blanche et perlée.

Le jeune homme s'assit en souriant à l'arrière et prit la barre.

— Ah ! ça mais, monsieur Paul — demanda le passeur — pourquoi donc que vous n'avez pas traversé, tout à l'heure, avec votre *papa*... ça m'aurait évité un voyage, tout de même...

— Je comptais retourner droit à Piriac — répliqua Paul, — et même j'avais fait un peu de chemin déjà — mais je me suis souvenu tout à coup que j'avais quelqu'un à voir au Croisic...

— C'est donc ça... — et vos bidets, où donc qu'ils sont ?...

— Derrière la dune... — ils resteront bien tranquillement à paître jusqu'à mon retour...

— Ça, c'est sûr — dites donc, monsieur Paul, est-ce que vous reviendrez avec votre *papa*, tantôt ?...

— Mon père ? — vous ne le verrez pas de sitôt dans votre barque...

— Et, pourquoi donc ça ?

— Il s'en va bien loin, mon père...

— Ou donc ?... — à Nantes, peut-être bien ?...

— Plus loin...

— Ça serait-il donc à Angers, ou bien à Tours ?...

— Plus loin encore...

— Ah! bien, ma foi, dans ce cas-là, j'en donne ma langue aux sardines...

— Mon père va à Paris.

L'œil unique du passeur borgne exprima la stupéfaction la plus complète.

— A Paris!! — répéta-t-il

— Mon Dieu, oui — répliqua Paul.

— Ah! bien, par exemple, il faut que je vous l'entende dire pour le croire, monsieur Paul!... — et qu'est-ce qu'il va donc faire à Paris, votre papa? — voilà plus de trente ans, au moins, qu'il n'a point bougé de ces côtés-ci — c'est un vrai Breton, celui-là!...

— Il va recueillir une succession...

— Une succession ! — s'écria le passeur — ah ! ma fine, comme dit le proverbe : *l'eau va toujours à la rivière !...* — une succession à votre papa !... Jésus mon Dieu !... et pourquoi faire ?... — il est déjà si riche, le brave homme !!...

— Pas tant que vous croyez, peut-être, père Mathias — répondit le jeune homme en souriant.

Le passeur hocha la tête d'un air mystérieux.

— C'est pas à moi qu'il faut conter ça — fit-il ensuite — j'en sais plus long qu'on ne croit, voyez-vous, monsieur Paul... ah ! ma fine, oui, j'en sais long...

— Que voulez-vous dire, père Mathias?...

— Oh! rien du tout... je ne veux rien dire... mais, suffit!... — croyez en la parole du vieux passeur, — que Dieu conserve votre papa en longue vie et bonne santé — ainsi je le souhaite de tout mon cœur! — mais quand on l'aura couché, le brave homme, dans son dernier lit, en bon bois de chêne, et qu'il aura six pieds de terre bénie par-dessus la tête, on en trouvera, au château, de l'or, et des écus, et de tout!... on en trouvera de quoi remplir ce canot-ci, et peut-être plus, c'est moi qui vous le dis, monsieur Paul, et je sais ce que je dis...

Les paroles du père Mathias semblèrent

assez énigmatiques au jeune homme, mais comme la solution de l'énigme qu'elles renfermaient lui semblait douteuse et d'un intérêt médiocre, et comme d'ailleurs la barque venait d'aborder au pied du Lénigo, il ne les releva point et il s'élança légèrement à terre.

— En avez-vous pour longtemps, de vos affaires, monsieur Paul?.. — demanda le vieillard.

— Mais, pour une heure à peu près, je pense.

— C'est bon — on sera là. — Si j'étais pourtant, *quelquefois*, à dîner, vous m'appelleriez...

— C'est convenu.

Paul gravit les marches usées de l'escalier de granit qui conduit à la plate-forme terminée par la promenade du Lénigo. — Il s'engagea sous les tilleuls un peu déjetés de cette promenade qu'il traversa dans toute sa longueur — il cotoya le bel établissement de bains de mer fondé et dirigé par M. Deslandes, et, enfin, suivant de près la plage sablonneuse et bordée de récifs, il atteignit la petite éminence gazonnée sur laquelle s'élève la vieille chapelle de Saint-Goustan, qui domine la mer et forme un charmant détail au milieu d'un paysage grandiose malgré sa tristesse.

Le bien-heureux Goustan, moine de l'abbaye de Saint-Gildas de Rhuys, est un de ces innombrables saints qui ne sont guères connus au-delà des limites de la terre de Bretagne qui leur a donné naissance.

A la chapelle placée sous son invocation se rattache une antique légende à laquelle nous trouvons une vive senteur de poësie naïve et populaire.

La voici, en peu de mots :

Vers l'an 630, et par une froide et obscure soirée du mois d'octobre, un effroyable ouragan se déchaîna sur l'Océan breton.

La mer, soulevée par les gigantesques coups d'aile du démon des tempêtes, venait se briser sur les rochers de la côte avec un tel fracas, qu'au milieu de ses rugissements les coups redoublés du tonnerre lui-même ne s'entendaient pas.

Deux enfants, deux fils de pêcheurs, accroupis au pied d'une vieille muraille en ruines et serrés l'un contre l'autre, regardaient avec autant d'épouvante que de curiosité les sublimes horreurs de la tempête déchaînée.

Comment ces deux enfants se trouvaient-ils là, à cette heure avancée et par ce temps de perdition ?...

Personne n'a jamais pu le dire, et c'est ce qui prouve surabondamment que Dieu lui-même les avait conduit par la main en cet endroit désert, et qu'il les y retenait afin d'avoir en eux des témoins du miracle qu'il se préparait à accomplir.

Tout à coup un immense éclair, flamboyant comme la lame de l'épée ardente du grand Archange saint Michel, illumina les ténèbres jusque dans leurs profondeurs et répandit ses clartés fulgurantes sur la mer échevelée :

Un des enfants se leva, tout pâle, et, saisissant la main de son compagnon, s'écria :

— Frère... as-tu vu ?...

— Quoi donc ?...

— Là-bas... tout là-bas... sur une vague qui dominait les autres, un canot...

— Impossible... — répondit le second enfant.

— Oh ! je l'ai bien vu.... — poursuivit l'autre — j'ai vu le canot — un canot sans voile — et, dans ce canot, un homme à genoux qui levait ses mains vers le ciel...
— et tiens... tiens... regarde... regarde....

Une nouvelle traînée de flamme venait de rayer le ciel, et la main étendue de l'enfant indiquait le point de l'horizon vers lequel il fallait tourner les yeux.

L'éclair s'éteignit — mais le doute n'était plus possible.

Les lames en furie ballottaient un esquif, que tantôt elles lançaient à d'incommensurables hauteurs, que tantôt elles ensevelissaient à des profondeurs inconnues.

L'esquif bondissait sous chaque coup de

mer — il disparaissait sous chaque nappe d'écume — mais il ne sombrait pas, et, comme s'il eût été poussé à travers la tempête par une main cachée et toute-puissante, il avançait vers les récifs avec la rapidité d'un goëland rasant les flots.

Là un nouveau péril l'attendait — péril plus terrible peut-être que ceux auxquels il ne semblait échapper en ce moment que par un miracle.

La côte aride et basse était enfermée de toutes parts dans une ceinture de rochers à fleur d'eau, rochers aigus et menaçants, pétris et sculptés en des formes bizarres par les tempêtes séculaires.

Les hautes vagues chassées du large

venaient briser sur ces bancs de granit avec une impétuosité titanesque — elles tourbillonnaient en unissant des gémissements et des cris presqu'humains à des fracas de canonnades — puis elles rebondissaient en arrière, tordues et roulées sur elles-mêmes par un effroyable ressac.

A coup sûr si le canot venait jusque-là — et y viendrait-il ? — on le verrait à l'instant même disparaître, brisé, haché, anéanti — et, le lendemain, la mer plus calme rejeterait sur la grève quelques débris informes, seuls restes d'un cadavre défiguré !

. . . . . . . . . . . .

Le canot avançait toujours.

Les éclairs se succédaient sans relâche

dans le firmament sombre — comme si Dieu leur avait donné la mission d'éclairer cette course funèbre ou triomphale.

Les deux enfants s'étaient repris par la main, et, muets, oppressés, respirant à peine, ils attendaient.

Le canot touchait aux écueils.

L'homme agenouillé se leva. — Il portait les longs vêtements bruns des ordres religieux — sa tête rasée était nue. — Il croisait ses deux bras sur sa poitrine — son regard ferme et doux se tournait vers le ciel — ses lèvres, entr'ouvertes pour la prière, avaient un ineffable sourire...

Une dernière vague — plus terrible, plus monstrueuse que toutes celles qui l'avaient précédé, saisit et souleva l'esquif qu'on vit trembler de la quille aux bordages, et le lança si loin par-delà les écueils que sa proue toucha la terre ferme.

Le moine sortit du canot et s'agenouilla pour remercier Dieu.

Le flot, dans sa rage impuissante, vint lui lécher les pieds, — comme un lion vaincu qui sait encore rugir, mais qui ne peut plus mordre — et, s'emparant du canot vide que rien désormais ne protégeait plus, le précipita parmi les rochers et l'anéantit sous l'effort du ressac.

Les deux enfants ne tremblaient plus, mais ils regardaient toujours, et il leur semblait que quelque chose de semblable à un disque faiblement lumineux se dessinait dans les ténèbres, autour de la tête rasée du moine.

Ce dernier avait fini sa prière.

Il fit quelques pas encore, mais, sans doute vaincu par la fatigue, il s'arrêta, et comme il se trouvait en ce moment à côté d'une large roche granitique, unie et légèrement inclinée, il lui sembla que la volonté de Dieu la lui désignait pour s'y reposer — il s'étendit sur cette roche et il s'endormit d'un calme et profond sommeil.

Les deux enfants, seuls spectateurs de cette scène merveilleuse, quittèrent alors le pan de muraille au pied duquel ils étaient blottis.

Ils coururent au Croisic et ils racontèrent ce qu'ils avaient vu.

A cette époque, la foi était vive dans les cœurs — personne ne douta de la véracité du récit fait par ces bouches innocentes.

Une procession s'organisa aussitôt, et, malgré la tempête croissante, malgré les ténèbres de plus en plus compactes, cette procession suivit les enfants, bannières déployées, et en psamoldiant les psaumes choisis par l'Église pour ses plus grandes fêtes.

Si nous ne faisons point mention des cierges, c'est qu'un seul coup de vent avait suffi pour les éteindre tous, depuis le premier jusqu'au dernier.

On arriva à l'endroit désigné par les enfants.

Le religieux dormait toujours, étendu sur le granit humide.

Au bruit de toute cette population chantant des psaumes, il se réveilla et il se leva pour unir sa voix à celles qui rendaient grâces à Dieu.

On put alors constater qu'un second miracle s'était accompli, bien autrement éclatant que le premier.

Le ciel, plus occupé que le moine lui-même du soin de la chair de son serviteur, avait rendu le granit aussi malléable qu'une cire molle ou qu'un duvet soyeux, afin que ses membres fatigués pussent s'y reposer à l'aise.

La dalle merveilleuse avait conservé

l'empreinte nette et distincte du corps qui l'avait foulé, — et, depuis lors, cette empreinte ne s'effaça jamais.

Le religieux s'appelait Goustan, et c'est lui qu'on devait honorer plus tard sous le nom de Saint-Goustan. —

Un siècle environ s'écoula.

Au bout de ce siècle, un beau matin les Croisicais, saisis d'une pieuse ardeur, résolurent de dédier une chapelle à saint Goustan, en commémoration de son passage dans leur pays, et du double prodige par lequel ce passage avait été signalé.

Les architectes firent des plans — les maçons se mirent à l'œuvre.

Mais, par suite d'une inconcevable aberration d'esprit, les uns et les autres commencèrent à édifier les murs du nord-ouest, de manière à laisser en dehors de la chapelle cette portion du rocher qui gardait dans son granit inaltérable la forme du corps de saint Goustan.

Grande fut la surprise des architectes et des ouvriers, le lendemain, en voyant que la muraille avait changé de place et s'était établie de façon à placer dans l'intérieur de l'édifice la partie du roc consacrée par le contact du saint.

On démolit ce premier travail et on le recommença comme la veille.

La nuit arriva et défit l'ouvrage du jour.

Dix tentatives nouvelles pour parvenir à exécuter le plan primitif, obtinrent le même résultat.

Enfin la proverbiale ténacité des bons Bretons dut céder devant ce nouveau miracle, dans lequel il leur fallut bien, à la longue, reconnaître le doigt de Dieu.

On respecta le travail d'une main invisible plus forte et plus persévérante que les mains humaines, et la muraille s'acheva sans obstacles et même avec une rapidité merveilleuse.

La chapelle existe encore aujourd'hui dans un admirable état de conservation, et, pour peu qu'on veuille bien mettre dans son examen un peu de foi et de bonne volonté, on distingue la miraculeuse empreinte enchâssée entre les dalles couvertes d'inscriptions tumulaires.

A côté de ce curieux monument du moyen-âge, se trouve une fontaine d'eau vive et douce.

De nombreux pèlerins viennent, à certaines époques de l'année, faire leurs ablutions à cette fontaine et demander à saint Goustan des grâces et des guérisons.

En outre, quand les grands vents du Sud ont soufflé pendant trop longtemps et rendent la mer dangereuse et l'entrée du port impossible, les femmes des marins du Croisic se réunissent à la chapelle et font une neuvaine en l'honneur de saint

Goustan, pour obtenir de lui des brises favorables.

Telle est, dans sa naïve simplicité, la légende dont nous parlions.

Nous savons bien qu'à de pareils récits les sceptiques et les esprits forts hausseront les épaules et répondront avec dédain que toutes ces croyances populaires sont bonnes, tout au plus, pour endormir les petits enfants...

Nous n'avons point l'insigne honneur d'être un sceptique ou un esprit fort, et nous ne pouvons partager l'opinion de ces messieurs.

Nous aimons ces traditions pieuses, arrivant à nous à travers les âges comme un écho d'un temps qui n'est plus et qui valait mieux que le nôtre...

Nous honorons et nous chérissons ces vieilles provinces où de pareils souvenirs ont pu se conserver intacts, transmis dans les familles, de l'aïeul au petit-fils, comme un héritage sacré...

Hélas! hélas! — par le temps qui court de chemins de fer et de télégraphie électrique, la poésie populaire agonise...

Demain, peut-être, elle n'existera plus! — laissez-nous recueillir son dernier souffle et verser une larme sur elle!

IV

La pêcheuse.

La chapelle de saint Goustan — avons-nous dit — domine la mer.

Elle ne se trouve pas cependant extrêmement élevée au-dessus du niveau des grandes marées, et, par les jours de tourmentes, l'écume chassée par le vent vient fouetter les petits carreaux plombés de sa fenêtre ogivale.

Elle est bâtie sur un sol moitié sablonneux, moitié granitique. — En certains endroits les pluies d'automne formant des torrents qui se déversent dans la mer, ont apporté un peu de terre végétale. — Partout où se trouve cette terre croît un gazon épais et doux, qui forme çà et là des taches d'un beau vert d'émeraude sur un fond jaunâtre ou d'un gris ferrugineux.

Sur les derrières de la chapelle un mur en pierres sèches, à demi croûlant, dessine le carré long d'un petit enclos servant jadis de cimetière pour ceux des habitants du Croisic dont la dévotion à saint Goustan était plus particulièrement exaltée.

Mais, depuis bientôt un siècle, nul Croisicais — nous ne savons pourquoi — n'a témoigné, à son heure suprême, le désir et la volonté de reposer sous le patronage immédiat d'un saint si vénéré jadis.

En conséquence le cimetière est abandonné — la porte qui le fermait n'existe plus — une herbe haute et touffue pousse sur les tombes, et les chèvres gourmandes viennent y brouter les jeunes pousses.

Si nous nous sommes appesantis — un peu trop longuement en apparence — sur les détails qui précèdent, c'est que la plupart d'entre eux vont devenir indispensables pour la parfaite intelligence de ce qui nous reste à raconter.

Paul de Piriac — nous le répétons — atteignit le sommet de l'éminence que couronne la chapelle de saint Goustan.

Il fit le tour de la gothique construction et il pénétra dans le petit enclos entouré de murs croulants.

Une partie de ces pans de murs, cependant, restaient intacts, et semblaient disposés tout exprès pour quelqu'un qui voudrait échapper aux regards et voir sans être vu.

En effet, celui qui caché derrière ces murailles se tiendrait sur ses gardes, ne pourrait être surpris par aucun côté, car le regard peut parcourir tous les horizons à la fois et plonger à de grandes distances dans la direction de la *côte* aride qui s'éloigne à gauche pour s'arrondir en presqu'île et rejoindre la baie Saint-Michel et le bourg de Batz — dans la direction du Croisic, à droite — et, enfin, du côté des marais salants et des terres labourées et fertiles qui font face à la mer.

Aussitôt que le jeune homme se trouva dans le cimetière abandonné, il étudia pendant quelques secondes les différents points de l'horizon afin de s'assurer qu'il n'avait à redouter ni espions ni importuns, puis, rassuré à cet égard, il reporta ses yeux et concentra toute son attention du côté de l'Océan.

La marée était au moment d'atteindre son point le plus bas.

Les eaux, refoulées par cette puissance

mystérieuse que la science elle-même ne peut ni expliquer ni comprendre, avaient rétrogradé à une grande distance, laissant à découvert de vastes espaces d'un sable fin et humide, coupé de petits filets d'eau et de grandes bandes de roches noirâtres autour desquelles croissaient et se multipliaient toutes les plantes parasites de la flore maritime, les varechs, les algues, les goëmons, etc... etc...

De distance en distance, entre des bancs de rochers semblables à ceux dont nous venons de dire quelques mots, les remous de la marée montante ou descendante avaient creusé dans le sable des bassins circulaires, profonds d'un pied tout au plus, et remplis d'une eau salée aussi limpide, aussi trasparente, que de l'eau de roche.

Un peu plus loin, la mer venait mourir sur la plage en petites lames courtes et clapoteuses, frangées d'une légère écume.

Les rayons d'un ardent soleil donnaient à l'Océan lointain l'aspect d'une vaste nappe d'argent fondu en ébullition.

L'écume des lames retombait en pluies de diamants — les flasques immobiles étincelaient comme de grands miroirs de Venise — les roches noires luisaient plus que l'ébène où que le marbre, et les algues vernissées par le sel marin, offraient des tons d'émeraude d'une magnificence incomparable.

Cet ensemble formait un des plus merveilleux tableaux que puissent tracer, dans leur verve et dans leur fécondité inépuisable, les pinceaux de ces deux artistes sublimes qui s'appellent Dieu et la nature.

Paul ne songeait guère à examiner ce panorama féérique, sur les aspects duquel il devait, d'ailleurs, être quelque peu blasé.

Parmi tous ces détails d'une œuvre gigantesque, il ne vit qu'un détail — le plus insignifiant peut-être, mais le seul animé.
— une forme humaine, trop svelte pour n'être pas féminine, mais dont les vêtements bizarres n'indiquaient le sexe que d'une façon très vague et très peu certaine.

Cette forme se trouvait placée immédiatement en deçà de l'extrême limite qui séparait l'Océan de la grève humide.

Elle marchait d'un pas lent et régulier, ayant de l'eau à peu près jusqu'aux genoux et parfois même plus haut, quand une lame se gonflait un peu.

Elle poussait devant elle un objet indéfinissable depuis l'endroit où se trouvait Paul, mais que nous décrirons suffisamment en disant que cet objet était un petit filet arrondi en forme de poche, monté sur un cercle de gros fil de fer, et placé à l'extrémité d'un bâton de cinq à six pieds de longueur.

Rien ne nous serait plus facile que de surexciter ici, pendant quelques minutes, la curiosité de ceux de nos lecteurs à qui les bords de la mer ne sont point familiers.

Mais nous dédaignons ces faciles roueries de romancier aux abois, et nous préférons dire, sans plus attendre, que la forme féminine qui nous occupe n'était autre qu'une jeune pêcheuse de crevettes.

Cette pêcheuse pouvait avoir dix-sept ou dix-huit ans.

Elle était grande et si mince que sa taille semblait devoir ployer sous le moindre effort, et, cependant, cette sveltesse exagérée n'excluait point une vigueur nerveuse semblable à celle de la lame d'acier qui se courbe et se redresse, et ne se rompt jamais.

Rien ne se pouvait imaginer de plus

simple, de plus primitif, que le costume de la jeune fille — costume qui, ainsi qu'on en va juger, n'offrait pas exclusivement le cachet breton.

Il consistait en jupe de berlinge grossière, rayée de blanc et de noir et ne dépassant guère la hauteur du genou.

Par-dessus cette jupe s'en trouvait une seconde en étoffe rouge, beaucoup plus longue et pouvant descendre jusqu'à la cheville — mais cette jupe était provisoirement relevée et assujétie aux hanches, à peu près comme les *paniers* de nos grand'mères, de façon à ce qu'elle n'ait rien à redouter du contact de l'eau salée.

Une sorte de caraco, en toile bleue sans manches, s'ajustait étroitement autour de la taille, dessinant ainsi les formes à peine naissantes du corsage.

Les bras et les mains, d'un ton blanc et mat que l'air salin et la brise de mer n'avaient pas même pu recouvrir d'une légère couche de hâle, étaient un peu grêles, mais d'un modelé admirablement pur.

Les jambes nues de la pêcheuse ressemblaient à celles de ces délicieuses statues antiques figurant des nymphes encore impubères.

Quant au visage qui couronnait ce gracieux ensemble, nous ne savons en vérité comment le décrire, tant nous sentons notre impuissance en face de cette beauté radieuse et fière pour laquelle les termes de comparaison nous manquent absolument.

Tous ceux, en effet, qui n'ont point vu le petit nombre des filles du Croisic et du Bourg de Batz chez lesquelles le type samnite (*) de leurs ancêtres s'est conservé dans sa pureté primitive, ne trouveraient rien de distinct dans les lignes du portrait que nous pourrions tracer.

Comment rendre en effet, avec des mots, l'étrange *majesté* de ce visage pâle, d'un ovale allongé, — au nez droit et fin, — à la bouche petite et dédaigneuse plutôt que souriante — aux sourcils épais

---

(*) M. Caillo, dans son savant ouvrage sur le Croisic, affirme, d'après Strabon, que les premiers habitants du territoire du Croisic et de Batz, furent les Samnites, tributaires des Venètes.

presqu'unis l'un à l'autre et correctement arqués — aux yeux bleus d'une invraisemblable longueur, un peu relevés du côté des tempes ?

Comment exprimer la *dignité princière* d'un front pur et poli comme de l'albâtre, sous une profusion de cheveux crespelés, d'un blond pâle à reflets dorés, dont un petit bonnet de toile grise ne pouvait contenir qu'à grand'peine la soyeuse et turbulente épaisseur ?...

A coup sûr, nous avons l'air en ce moment de dessiner le portrait d'une jeune reine — et cependant il ne s'agit que d'une pauvre pêcheuse de crevettes !...

Nous restons dans les limites de la plus

stricte vérité, et l'on est en droit de nous accuser d'invraisemblance!...

Comment donc faire?...

Allez, cher lecteur, — qui doutez en souriant! — allez au Croisic où vous attend notre justification de conteur sincère — allez, et vous ne regretterez pas votre voyage... —

La jeune fille, cependant, continuait à marcher lentement dans les petites lames poussant devant elle son filet arrondi.

Quand elle avait fait ainsi vingt-cinq ou trente pas, elle s'arrêtait avant de retourner en arrière, elle retirait de l'eau son filet elle mettait, une à une, dans un panier d'écorce qu'elle avait au bras gauche, les agiles crevettes, ces transparentes sauterelles de la mer, qui se débattaient vainement sur une couche de varechs et de goëmons humides.

Soudain la jeune Bretonne tressaillit et leva vivement la tête, tandis qu'une rougeur vive montait à ses joues pâles et qu'une indéfinissable expression d'espoir et d'attente brillait sous les longs cils de ses grands yeux bleus.

Un son doux et prolongé, assez semblable à cet appel des perdrix qui veulent rassembler leur couvée et qu'on entend retentir, le soir, dans les blés verts, venait de traverser l'espace et d'arriver à son oreille.

Toute rose et toute émue, elle s'arrêta pour écouter mieux.

Le même bruit se fit entendre une seconde fois, mais plus net et plus distinct encore que la première.

Par un mouvement instinctif et rapide, les yeux de la jeune fille se dirigèrent vers la muraille croulante du petit cimetière abandonné de Saint-Goustan.

Personne ne se montrait, mais une main invisible agitait, au-dessus d'un pan de mur, un mouchoir blanc déployé.

Ce mouchoir ainsi agité constituait sans doute un signal bien connu, car la jeune fille, dont la charmante rougeur augmentait de seconde en seconde, ne manifestait pas la moindre hésitation à l'endroit de ce qui lui restait à faire.

Elle sortit de l'eau — elle marcha, ou plutôt elle courut jusqu'auprès d'une petite roche que la marée qui commençait à monter ne devait pas couvrir de sitôt.

Sur cette roche elle posa son filet et son petit panier — elle glissa ses pieds nus dans des sabots aussi exigus que la pantoufle de Cendrillon et à demi recouverts par des pelisses de peau d'agneau — elle détacha les deux grosses épingles qui retenaient sur ses hanches les plis épais de sa jupe rouge qui retomba jusqu'à ses chevilles mignonnes, lui constituant ainsi un costume parfaitement décent.

Cette rapide toilette achevée, elle jeta autour d'elle un regard craintif et défiant, afin de s'assurer que les environs étaient solitaires — puis, d'un pas hatif, quoiqu'hésitant parfois, elle se dirigea vers la chapelle de Saint-Goustan.

Oh! moine bienheureux de l'antique abbaye de Saint-Gildas — patron vénéré des plages bretonnes — tu ne te doutais guère, quand un miracle amolissait le granit pour en faire une couche à tes membres fatigués, — qu'à cette même place où sous ton invocation devait s'élever plus tard une chapelle bénie, deux enfants amoureux chercheraient un abri pour leurs mystérieux rendez-vous!!...

Hélas! ainsi va le monde, et, bien souvent, l'herbe fine qui croît sur les tombes oubliées n'est qu'un siége plus doux pour les longues causeries des amants insoucieux!...

V

**Nicole.**

Un mois ou trois semaines avant le jour de ce rendez-vous, ou plutôt de cette réunion à laquelle nous allons faire assister nos lecteurs, Paul était parti de grand matin du château de Piriac, un fusil sur l'épaule, et emportant dans sa gibecière du pain et de la viande froide pour un premier repas.

Il avait longé les dunes et traversé le bras de mer dans le bateau du passeur, pour aller se mettre à l'affût dans les rochers de la *baie du Crucifix*, située à moitié chemin, environ, entre le Croisic et le bourg de Batz, afin d'y tuer des lapins qui abondent dans ces parages, et qui, ne se nourrissant que des herbages salés et aromatiques qui croissent sur la lande grise et morne qui s'étend aux alentours de la *maison du Diable*, offrent une chair d'un goût exquis.

La chasse fut heureuse, et, quand le jeune homme quitta son affût, il emportait avec lui une demi-douzaine de lapins.

Joyeux et insoucieux, il revenait en longeant la côte et en sifflottant du bout des lèvres le vieux refrain d'une chanson bretonne.

Il avait parcouru déjà les trois quarts de l'espace qui le séparait du Croisic, et il s'engageait dans les grèves sablonneuses qui avoisinent la chapelle de Saint-Goustan, lorsqu'il vit deux goëlands gigantesques passer en tournoyant au-dessus de sa tête, entraînés l'un et l'autre dans une poursuite ardente dont l'amour ou la colère étaient causes.

Les goëlands étaient à portée.

Paul, obéissant à son instinct de chasseur, épaula son arme, visa pendant la centième partie d'une seconde et fit feu.

L'un des oiseaux s'enfuit à tire d'ailes, en poussant ce cri aigu qu'on entend si distinctement au milieu des tempêtes.

L'autre, mortellement frappé, roula deux fois sur lui-même et descendit comme une masse de plomb.

Mais, au moment de toucher la terre, il usa d'un reste de force, — il déploya sa puissance envergure, et son vol incertain l'emporta jusqu'à la mer dans laquelle il tomba.

Paul venait de tirer ce que le baron de Piriac, son père, n'aurait pas manqué d'appeler un *mauvais coup de fusil.*

La chair du goëland est coriace, huileuse, nauséabonde, — avec la meilleure volonté du monde il serait impossible de la manger, et M. de Piriac considérait comme follement gaspillée toute charge de poudre et de plomb ne s'adressant pas à quelque gibier *utile*, c'est-à-dire propre à être servi sur table.

Il traitait volontiers de prodigues et de fous ces chasseurs qui s'exercent la main en abattant des corneilles ou des martinets, des mouettes ou des allouettes de mer.

Avait-il tort ou raison? — c'est là une question délicate et que nous désirons ne point trancher.

Toujours est-il que Paul venait de tuer son goëland, et que, l'ayant tué, il voulait en entrer en possession.

La marée était basse, et rien n'était

plus facile que d'aller chercher l'oiseau en entrant dans l'eau jusqu'à mi-jambes.

Mais, pour cela faire, il fallait ôter son pantalon, ses souliers, ses guêtres de cuir — chose dont le jeune homme se souciait médiocrement.

Il allait se décider, cependant, à recourir à ce moyen extrême, quand il avisa à quelque distance une pêcheuse de crevettes qui se dirigeait de son côté en poussant son filet devant elle.

Paul descendit aussi loin que possible sur le sable humide, et, quand il se crut à portée de voix de la pêcheuse, il lui cria en désignant de la main l'endroit où le goéland était tombé :

— Eh! petite, — puisque vous voilà dans l'eau, allez donc me chercher l'oiseau que je viens de tuer... il ne vous en coûtera pas grand'chose...

La jeune fille fit signe qu'elle avait entendu et qu'elle acquiesçait volontiers à ce que lui demandait Paul.

Elle retroussa de deux ou trois pouces sa jupe de berlinge, — elle s'avança vers le goëland qu'elle prit par les ailes, malgré la résistance désespérée qu'il lui opposa, — car il vivait encore et il s'efforçait de lui donner des coups de griffes et des coups de bec, qu'elle ne parvenait à éviter qu'en faisant preuve d'une adresse singulière.

Puis elle se dirigea du côté de Paul, et elle laissa tomber à ses pieds l'oiseau expirant.

Nous connaissons cette jeune fille.

C'est elle que nous avons trop imparfaitement decrite dans le cours du chapitre précédent.

Paul avait déjà mis la main dans sa poche pour en retirer une petite pièce de monnaie qu'il se proposait d'offrir à la pêcheuse de crevettes. — mais à peine eut-il arrêté les yeux sur ce doux et fier visage, sur ces traits aristocratiques et charmants, qu'il lui sembla que son offrande serait une insulte, — et qu'avec toute la rougeur et tout l'embarras de ses vingt-cinq ans complétement inexpérimentés, il balbutia, en ôtant vivement sa casquette de chasse :

— Je vous remercie beaucoup, mademoiselle... je vous remercie de la peine que vous avez bien voulu prendre... en me rapportant ce vilain oiseau qui pouvait vous blesser grièvement...

La pêcheuse, beaucoup moins embarrassée que son interlocuteur, fit une révérence villageoise et répondit avec un sourire :

— Ah! ça n'est pas la peine de me remercier pour si peu... — ça n'a pas été une peine, allez, monsieur Paul... ça a été un plaisir...

— Vous me connaissez, mademoiselle ? — demanda le jeune homme manifestement surpris d'entendre prononcer son nom par cette belle enfant qu'il croyait n'avoir jamais vu.

— Tiens! si je vous connais ! — répliqua la pêcheuse en riant — et comment donc que je ne vous connaîtrais pas ? —

vous êtes le fils de M. le baron du château de Piriac, et vous venez assez souvent au Croisic pour que *tout un chacun* vous y connaisse... — je vuos ai vu plus de cent fois!...— Ah! dame, oui, et de deux cents fois aussi !...

— Vous êtes donc du Croisic, mademoiselle ?

— Ah! dame, oui.

— Et vous vous appelez ?

— Nicole, monsieur Paul, — Nicole Lehuédé, pour vous servir...

Et ces paroles furent accompagnées d'une nouvelle révérence.

— Mais comment se fait-il — reprit le jeune homme — comment se fait-il que je ne vous aie jamais rencontrée ?...

— Jésus mon Dieu! monsieur Paul!...

pouvez-vous dire une chose pareille !... — il faut bien que vous me rencontriez, puisque je vous rencontre, moi...

— Mais, alors, comment se peut-il que je ne vous aie jamais remarquée ?...

— Et pourquoi donc que vous m'auriez remarquée, monsieur Paul ?...

— Comment, mademoiselle Nicole, pourquoi ?...

— Bien sûr !... — est-ce qu'un monsieur comme vous peut faire seulement attention à une pauvre personne comme moi ?...

Certes, c'était ici le cas de répondre aux paroles de la jeune fille par quelque galanterie expressive !

A coup sûr, le premier venu des coqs villageois de la banlieue de Paris n'y eut point manqué !...

Mais la Bretagne est loin de la banlieue —heureusement pour la Bretagne! — et Paul, dans sa naïveté champêtre, ne pensa même point à la classique réponse qu'il aurait aurait dû faire à la jolie pêcheuse de crevettes.

Après quelques minutes de silence, consacrées à s'adresser à lui-même de fort amers reproches à l'endroit de cette incroyable distraction qui l'avait empêché d'arrêter plus tôt ses yeux sur cette véritable fleur de beauté, le jeune homme reprit :

— Quel âge avez-vous, mademoiselle Nicole?

— Dix-sept ans à la prochaine Saint-Michel. — Oh! je suis déjà vieille, allez!..

— Vieille !..... — s'écria Paul — mais vous êtes un enfant auprès de moi !...

— Quel âge donc que vous avez, vous, monsieur Paul ?

— Vingt-cinq ans bientôt.

— Vingt-cinq ans !..... c'est un bel âge pour un homme...

— Vous trouvez ?

— Ah ! dame ! oui — si j'étais garçon, je voudrais toujours avoir vingt-cinq ans.

— Et moi — murmura Paul — si j'étais fille, je voudrais en avoir dix-sept...

— Comme ça — dit Nicole en riant — chacun de nous a le lot qui conviendrait à l'autre..... — malheureusement nous ne pouvons pas troquer...

Il y eut un nouveau moment de silence.

Puis le jeune homme demanda :

— Et, vos parents, que font-ils ?

Un nuage de tristesse se répandit sur les traits de la jeune fille.

— Mes parents.... — balbutia-t-elle —, je n'en ai plus...

— Quoi ? ni père ni mère ?...

— Ni père — ni mère — ni frère — ni sœur. — Orpheline, monsieur Paul, orpheline, et toute seule au monde...

— Pauvre enfant!

— Vous me plaignez... — comme vous êtes bon... — Un monsieur comme vous, plaindre une pauvre personne comme moi... ça ne se voit pas souvent, allez.....

Paul prit la main de la jeune fille, et, dans son enfantine simplicité, Nicole ne lui retira point cette main.

Le jeune homme continua :

— Mais, au moins, vos parents vous ont-ils laissé quelque chose?...

— Oh! oui..... — une petite maison.... derrière le Lénigo — toute petite, mais bien propre...... — Ah! si je n'avais pas cette maison là, je ne pourrais jamais payer un loyer... — et puis elle est très bien meublée... j'ai même trop de meubles pour moi toute seule...

— Mais, outre la maison, n'avez-vous pas quelque autre chose?..... — un petit champ... ou un peu d'argent?...

Nicole se mit à rire.

— Ah! ça, monsieur Paul — fit-elle — vous me prenez donc pour une richarde?... — Ni champ, ni argent — rien que la maison, et je vous assure que c'est beaucoup.

— Mais, enfin, il faut vivre...

— Oh! bien sûr...

— De quoi vivez-vous?

— De quoi vivent les alouettes?...

— De ce que Dieu leur envoie...

— Je fais comme elles... seulement je m'aide un peu... je travaille — j'avais essayé d'abord de me faire *porteuse de sel* — ça n'a pas réussi — c'était trop dur et trop fatigant pour moi, ce métier-là — il paraît que je n'ai pas la poitrine forte —. ma mère est morte à vingt-cinq ans, *dans la phthisie*, comme disent les médecins — et il y a beaucoup de gens qui prétendent que je ne deviendrai pas si vieille qu'elle...

— Ah! s'écria vivement Paul — chassez ces tristes idées!...

— Pourquoi tristes?... je n'ai pas peur de mourir, moi, allez!... — Je n'ai jamais fait de mal à personne — je crois que, quand je serai morte, j'irai au paradis, près du bon Dieu, et l'on dit que c'est si beau, le paradis!... — Tenez, notre M. le curé en parlait encore dimanche dernier... enfin ce n'est pas tout ça, et j'étais en train de vous raconter que je n'avais pas pu *endurer* le métier de porter le sel depuis les bateaux aux raffineries, ou aux confiseries des sardines... — Au bout de quinze jours je ne pouvais plus marcher et je toussais comme une malheureuse — voyant cela, j'ai pris un autre parti — j'ai acheté un beau *lasset* tout neuf et je me suis fait pêcheuse de crevettes...

— Et, cela ne vous fatigue pas d'avoir ainsi les jambes dans l'eau pendant des journées entières?...

— Oh ! ça me fatigue bien un peu..... mais pas beaucoup... et puis ça m'amuse,... le métier de pêcheuse est un état qui me plaît bien...

— Que faites-vous de vos crevettes ?

— Je n'en suis pas embarrassée... — M. Deslandes et Guilloré m'achètent tout ce que je prends, et j'en prendrais deux fois autant qu'ils me l'achèteraient tout de même...

— Et, que gagnez-vous ainsi ?

— Bien plus qu'il me faut..,

— Mais, enfin ?

— Quinze sous par jour — et quelques fois plus...

— Quand la mer est mauvaise vous ne pouvez pas pêcher ?...

— Bien sûr que non.

— Alors, que faites-vous, et avec quoi vivez-vous ?...

— Avec l'argent que j'ai mis de côté les autres jours — si vous saviez, moi, je ne suis pas beaucoup plus difficile à nourrir qu'un oiseau — une galette de sarrazin me fait ma journée, et je ne bois guère de cidre que les dimanches...

— Pauvre enfant !... — répéta Paul à voix basse.

Puis il reprit :

— Avez-vous fait bonne pêche, ce matin, mademoiselle Nicole ?...

— Ah ! il n'y a pas longtemps que j'y suis, mais ça s'annonce assez bien...

— Voulez-vous me montrer vos crevettes ?...

— Pour ça, bien volontiers...

Et la jeune fille courut vers la roche sur laquelle elle avait déposé son panier, qu'elle rapporta à moitié rempli de salicoques sautillantes.

— Ah! qu'elles sont belles! — s'écria Paul — y en a-t-il là pour beaucoup d'argent?

— Pour six ou sept sous, à peu près.

— Elles me donnent envie, mademoiselle Nicole...

— Vrai, ça, monsieur Paul?...

— Rien n'est plus vrai.

— Alors prenez-les.

— Vous voulez bien me les vendre?...

— Ça, non — je veux que vous les preniez, mais je ne veux pas d'argent...

— Pourquoi donc?

— Une idée à moi.

— Eh! bien, je ne veux pas non plus.

vous les payer — mais je vous propose un échange...

— Un échange?

— Oui,

— Et, quel échange, mon Dieu donc?...

Paul ouvrit sa carnassière et il en tira le plus beau des lapins qu'il avait tués.

— Ceci — dit-il — pour vos crevettes...

— Je ne veux pas — le lapin vaut trois fois plus...

— Il ne m'a donné que la peine de l'ajuster...

— Et, moi, je n'ai eu que la peine de les pêcher...

— Si vous n'acceptez pas ce que je vous offre, je n'accepterai pas non plus ce que vous m'offrez...

— Sûr?

— Très sûr.

— Alors, prenez mes sauterelles, je prends votre bête..... mais c'est parce que vous l'avez voulu, par exemple...

— Et je vous en remercie de tout mon cœur...

Paul avait emporté un fragment de journal pour en faire des bourres — il le roula en façon de cornet et ce cornet reçut les crevettes qui prirent dans le sac de chasse la place du lapin donné à Nicole.

Après avoir échangé de nouveau quelques paroles, les jeunes gens se séparèrent.

La pêcheuse se dirigea du côté de la mer montante, afin de se remettre à la besogne — Paul reprit le chemin du Croisic, et, tout en s'éloignant, il tourna plus d'une fois la tête afin de revoir encore la pauvre fille orpheline, la blonde Armoricaine aux grands yeux bleus et au profil de jeune reine.

FIN DU DEUXIÈME VOLUME

# TABLE DES CHAPITRES

### DEUXIÈME PARTIE (SUITE).

**Comment on devient journaliste (suite).**

|  |  |  | Pages |
|---|---|---|---|
| Chap. | V. | Scènes de la vie littéraire. | 3 |
| — | VI. | Mademoiselle ***. | 29 |
| — | VII. | Un tête-à-tête original. | 57 |
| — | VIII. | Un hiéroglyphe et un paraphe. | 57 |
| — | IX. | Un mauvais numéro. | 109 |
| — | X. | L'article. | 127 |
| — | XI. | Bourrasque, et coup de soleil. | 151 |
| — | XII. | Une position qui se dessine. | 171 |

### TROISIÈME PARTIE.

**Nicole.**

| Chap. | I. | Mademoiselle Olympe. — La chambre du baron. | 205 |
|---|---|---|---|
| — | II. | Le tableau de Luc de Cranach. | 222 |
| — | III. | Le passeur. — La légende. | 235 |
| — | IV. | La pêcheuse. | 275 |
| — | V. | Nicole. | 295 |

FIN DE LA TABLE.

---

Fontainebleau.— Imp. de E. Jacquin.

# DERNIÈRES NOUVEAUTÉS D'ALEXANDRE DUMAS.

| | |
|---|---|
| Salvator le Commissionnaire | 6 vol. |
| Les Mohicans de Paris. | 19 vol. |
| La Mecque et Médine. | 6 vol. |
| Le Lièvre de mon grand-père. | 1 vol. |
| Grands Hommes en robe de chambre | |
|    1. HENRI IV. | 2 vol. |
|    2. RICHELIEU | 5 vol. |
|    3. CÉSAR | 7 vol. |
| Madame du Deffand. | 2 vol. |
| Journal de madame Giovanni. | 4 vol. |
| Le Page du Duc de Savoie. | 8 vol. |
| Ingénue. | 7 vol. |
| La Comtesse de Charny. | 19 vol. |
| El Salteador. | 5 vol. |
| Catherine Blum | 2 vol. |
| Conscience. | 5 vol. |
| Vie et Avent. de la princesse de Monaco. | 6 vol. |
| La Femme au Collier de Velours. | 2 vol. |
| Les mille et un Fantômes. | 2 vol. |
| Les Mariages du Père Olifus. | 5 vol. |
| Le Trou de l'Enfer. | 4 vol. |
| Dieu dispose. | 6 vol. |
| Les Drames de la mer. | 2 vol. |
| Un Gil Blas en Californie. | 2 vol. |
| Histoire d'une Colombe. | 2 vol. |
| Le Pasteur d'Ashbourn. | 8 vol. |
| Souvenirs de 1830 à 1842. | 8 vol. |
| Une vie artiste. | 2 vol. |

Fontainebleau, imp. de E. JACQUIN.

www.ingramcontent.com/pod-product-compliance
Lightning Source LLC
Chambersburg PA
CBHW060508170426
43199CB00011B/1370